KB190934

누구나 쉽게 배우는 3단계 발표 공식

누구나 쉽게 배우는 3단계 발표 공식

윤상명 저

"도대체 어떻게 해야 발표를 잘할 수 있을까요?"

어느 날, 대학에 진학한 친구의 딸이 내게 물었습니다. 발표를 잘하는 사람들에게 물어봤지만, 정작 자신에게 맞는 답을 찾지 못했다고 했습니다.

"자신감을 가지라고 하는데, 없는 자신감을 어떻게 가지라는 거죠?"

이 질문에도 쉽게 답할 수 없었습니다. 그래서 고민했고, 발표를 잘하느냐 못하느냐의 문제가 아니라, 발표에 자신 없는 사람을 어떻게 도울 수 있을지를 연구했습니다.

먼저 발표에 관한 책을 찾아보았지만, 출판된 지 오래되었거나 설명이 어려워 실질적인 도움이 되지 않는 책이 많았습니다. 발표를 잘하는 사람이라면 그런 책에서도 유용한 내용을 찾아낼 수 있겠지만, 발표가 두려운 사람들에게는 실질적인 도움을 주기 어려워 보였습니다. 그래서 책뿐만 아니라 인터넷과 SNS를 뒤지던 중, 윤상명 작가님의 계정을 발견했습니다.

그의 설명은 놀랍도록 명쾌했습니다. 윤상명 작가님은 대한민국 주요 대기업에서 발표 전문가로 인정받으며 활동하는 분이었고, 발표를 가르치는 데도 탁월한 능력을 갖추고 있었습니다. 그의 영상을 하나씩 보면서 이런 생각이 들었습니다.

'이렇게 설명하면 발표에 자신 없는 사람도 따라 해 볼 수 있겠구나.'

그리고 반드시 책으로 출간되어야 한다고 생각했고, 곧바로 윤상명 작가님께 연락했습니다. 마침, 작가님도 자신의 노하우를 책으로 정리하고 싶어 했고, 우리는 즉시 준비에 들어갔습니다.

작가님은 실전 경험과 노하우를 바탕으로 글을 쓰고, 저는 독자의 시선으로 피드백하였습니다. 1년이 넘는 시간 동안 한 글자 한 글자 정성을 기울였고, 마침내 그 노력이 한 권의 책으로 완성되었습니다.

그러나 가장 기쁜 순간은 독자들이 "정말 도움이 됐다."라고 말해줄 때일 것입니다.

작은 스킬 하나라도 직접 써보고 작은 성공을 경험하면, 자신감이 붙고 발표 실력도 자연스럽게 늘어날 것입니다. 저 역시 스피치 강의에서 작은 팁 하나로 실력이 크게 향상되는 수강생들을 많이 보아왔습니다. 한 수강생이 이런 말을 한 적이 있습니다.

"다른 건 다 잘하는데, 유독 발표만 부족해요. 그런데 그 이유로 상사가 저를 낮게 평가할 때 정말 억울합니다."

더 이상 그런 억울함을 겪지 않기를 바랍니다. 발표를 두려워하는 사람들은 많습니다. 실질적인 도움이 되는 책이 나오길 바라왔습니다. 그리고 마침내, 윤상명 작가님의 책이 출간되며 그 바람이 현실이 되었습니다.

이 책이 발표에 대한 두려움을 극복하고, 더 많은 사람이 자신 있게 무대에 설 수 있도록 돕기를 바랍니다.

펴낸이 한 석 준

추천사

'될성싶은 나무는 떡잎부터 안다'고 했습니다. 대학 재학 시절, 맛깔나는 글과 스마트한 발표로 두각을 드러낸 그는 천생의 끼를 감추지 못하고 결국 소통의 전문가로 거듭났습니다. 일을 하며 자신이 해온 경험을 책으로 엮는다는 것은 쉽지 않은 일입니다. 체험에서 우러난 시행착오를 얼마나 고민하고 복기했을지 상상이 갑니다. 그리고 그는 그 과정을 통해 익힌 것들을 아낌없이 나누고자 이 책을 썼습니다. 실천으로 옮긴 그의 의지에 찬사를 보냅니다.

이 책은 학교 반장 선거부터 국회의원 선거까지, 수업을 준비하는 학생부터 강의하는 교수님, 취업 준비생부터 바이어를 상대하는 실무자, 교회 설교부터 대중 강연까지, 남들 앞에 서야 하는 모든 이들을 위한 필독서입니다.

매일 교단에 서는 저도 늘 긴장과 설렘이 있습니다. 하물며 낯선 청중 앞에 처음 서는 이들은 얼마나 떨릴까요. 무엇을 어떻게 말해야할지 막막할 때, 윤상명 프로의 이 책은 큰 도움이 될 것입니다. 가까이 두고 수시로 펼쳐보면, 마음이 한결 편안해질 겁니다.

이 책은 발표 준비-연습-실전의 3단계 구조로 짜였으며, 생성형 AI 활용법까지 더해져 실전 중심의 발표 전략을 안내합니다. 짧고 간결한 문장, 정돈된 구성, 실용적인 내용으로 가득합니다. "긴장감을 극복하는 3가지"에서는 누구나 공감할 발표의 '떨림'에 대해 다루며, 자신감을 높이는 '파워포즈'처럼 당장 실천할 수 있는 팁들도 아낌없이 담았습니다.

첨단기술의 시대, 정보는 넘쳐나지만 '제대로 전달하는 능력'은 더 소중해졌습니다. 발표는 단순한 기술이 아니라 생존 기술입니다. AI 시대라 해도, 진심과 감정을 담은 '소통의 기술'은 여전히 사람의 몫입니다.

「누구나 쉽게 배우는 3단계 발표 공식」은 그런 의미에서 의미 있는 도전입니다. 정제되고 논리적인 전략서를 용기 있게 세상에 내놓은 윤상명 프로에게 박수를 보냅니다. 이 책을 접하는 독자들에게도 그의 용기와 실천력이 고스란히 전달되기를 바랍니다.

경북대학교 정치외교학과 교수 이 정 태

지식이 중요할까, 아니면 경험이 중요할까? 프레젠테이션을 잘하고 싶은 사람이라면 두 가지 모두 놓치고 싶지 않을 것이다. 이처럼 프레젠테이션에 진심인 저자는 지난 10년 넘게 탄탄한 지식과 비즈니스 현장에서의 경험으로 매 순간 진화해 왔다. 저자의 프레젠테이션 노하우 창고 대방출! 이 책을 통해 이제 당신의 것이 될 시간이다.

대한프레젠테이션협회 회장 이 승 일

「누구나 쉽게 배우는 3단계 발표 공식」은 단순한 말하기 기술서가 아닙니다. 발표를 단순한 정보 전달의 수단이 아니라, 명확한 메시지와 설득력을 기반으로 한 전략적 커뮤니케이션으로 접근합니다.

프레젠테이션 콘텐츠를 제작해 온 전문가로서, 발표의 구조와 메시지 설계에 대한 저자의 통찰은 매우 실용적이면서도 현실적입니다. 특히 발표 흐름을 전략적으로 구성하는 방식과 설득력 있는 메시지 구성 원칙은 슬라이드를 기획 및 설계하는 입장에서도 매우 유익합니다.

"발표는 타고난 감각이 아니라, 체계적인 훈련으로 완성되는 기술이다."

이 책은 그 훈련의 출발점이 되어줄 것입니다.

38만 팔로워 크리에이터 미스터피피티 @mr.ppt09

'이번 학기 수행평가는 주제 발표입니다.'라는 안내가 요즘 고등학교에서는 일상이 되었습니다. 발표를 준비하고 수행하는 과정에서 학생들은 교과 지식을 더 적극적으로 학습할 수 있을 뿐만 아니라, 지식을 단순히 습득하는 데 그치지 않고 타인에게 효과적으로 표현하고 전달하는 역량을 길러야 하기 때문입니다. 또한 임원 선거, 동아리 면접 등 학교의 중요한 활동에는 항상 발표라는 행위가 필수적입니다. 「누구나 쉽게 배우는 3단계 발표 공식」은 원론적이고 피상적인 전략이 아닌, 저자가 수많은 발표를 직접 수행하며 얻어낸 소중한 실전 지식을 담고 있습니다. 발표 준비 시 고려해야 할 사항과 효과적인 수행 자세에 대한 실제적인 조언은 학생들의 학교생활을 더욱 즐겁고 의미 있게 만드는 데 분명히 도움이 될 것입니다.

저는 20년 넘게 저자를 알고 지내며 조용하고 과묵하던 한 친구가 프레젠테이션 전문가로 성장하는 과정을 가까이에서 지켜보았습니다. 그 여정에 담긴 큰 노력이 응축된 이 책을 통해 독자들 역시 같은 성장을 경험하리라 확신합니다.

민족사관고등학교 국어 교사 박 기 순

윤상명 작가님과는 서울대학교 경영대학 EMBA 과정에서 수업하면서 인연을 맺게 되었습니다. 수업 일환으로 진행된 팀 사례 발표를 듣고 이분에게 방송계 종사자가 아닌지 바로 물어본 기억이 납니다.

지금 생각해도 너무나 명쾌하고 간결하면서도 저는 물론 수강생 전원을 집중하게 만드는 강력한 힘이 느껴지는 발표였습니다. 이 수업이 끝나고 나중에야 이분이 발표와 프레젠테이션의 전문가라는 것을 알게 되었습니다. "역시나 전문가는 다르구나" 하는 생각을 하게 되었는데, 이번에 윤상명 작가님 본인의 수많은 발표 경험과 교육을 통해서 체득해 온 비법과 조언을 공유하는 저서 「누구나 쉽게 배우는 3단계 발표 공식」을 출간하신다는 소식을 들었습니다. 모든 직업군과 커리어에서 설득 커뮤니케이션과 임팩트 있는 프레젠테이션이 핵심역량으로 자리 잡은 상황에서 독자들에게 소중한 도움이 될 이 책을 추천합니다.

서울대학교 경영대학 교수 **최 진 남**

Prologue

Prologue

—

"오빠, 발표 좀 도와줘!"

'배우자에게 운전을 가르쳐주면 이혼까지도 할 수 있다'는 말이 있죠. 가족에게 무언가를 알려주는 일은 참 어렵다는 뜻입니다. 가까운 사이일수록 조언 하나하나가 더 민감하게 다가올 수 있으니까요.

"누구나 발표할 순간이 옵니다. 그것도 아주 중요한 순간에"

이런 순간은 대부분 예상치 못하게 오죠. 발표를 잘 해내야 하는 상황이 닥쳤을 때, 그것이 얼마나 큰 부담으로 다가오는지 누구나 공감할 것입니다.

결혼 6년 차가 되던 해, 아내가 운영하는 브랜드가 정부 지원을 받을 기회가 찾아왔습니다. 이번 기회를 통해 한 단계 도약할 수 있을 것 같아 설레기도 했죠. 하지만 기회는 그냥 찾아오는 것이 아니더군요. 지원을 받기 위해선 발표가 필수였습니다. 아내는 평소 사람과 마주하는 걸 좋아하지 않는 전형적인 내향인이었고, 평생 발표 경험이 없었습니다. 발표는 아내에게 익숙하지 않은 영역이었고, 발표 준비는 막막하기만 했습니다. 긴장한 표정으로 "정말 내가 할 수 있을까?"라는 질문을 던지는 아내를 보면서, 그동안 쌓아 온 발표 경험을 바탕으로 그 순간을 함께 넘기기로 결심했습니다.

아내에게 "발표는 단순히 정보를 전달하는 게 아니야. 브랜드의 가치를 진심으로 이야기할 수 있어야 해."라고 말해 주었고 단순히 자료를 만들어서 읽는 발표가 아니라, 발표를 통해 진정성이 전달돼야 한다고 했습니다. 그러기 위해 가장 핵심적인 부분을 흐름에 맞게 정리해야 했습니다. 이후에는 실전 감각을 익힐 수 있도록 도왔습니다. 당황스러울 수 있는 상황에서 대처하는 요령, 청중의 반응을 읽고 자연스럽게 이어가는 법 등을 알려주었습니다. 발표를 준비하는 동안, 아내의 목소리에는 점점 확신이 실렸습니다. 그리고 발표 당일, 떨리는 목소리지만 진심이 담긴 이야기는 심사위원의 마음을 움직였고, 결국 결과는 합격이었습니다.

그날의 경험으로 발표를 잘하는 것은 타고난 재능만이 아니라는 것을 알았습니다. 발표는 누구나 두렵고 부담스러울 수 있습니다. 긴장감은 발표 전날 밤, 혹은 무대에 오르기 직전까지도 괴롭히곤 하죠. 그러나 그 순간을 어떻게 준비하고, 어떤 마음으로 임하느냐에 따라 발표는 두려움이 아닌 기회로 변할 수 있습니다.

사실, 저 역시 처음부터 발표를 잘했던 것은 아닙니다. 초창기에는 발표가 두렵고 떨렸으며 준비한 내용을 제대로 말하지 못해 아쉬움에 잠 못 이루던 밤도 많았습니다. 하지만 매번의 발표에서 배움을 얻고, 실패를 되짚으며, 끊임없이 연습한 결과 지금은 발표라는 무대가 두려움보다 설렘으로 다가옵니다. 그리고 그 과정에서 깨달은 것은 발표는 타고난 재능이 아니라, 누구나 연습과 노력을 통해 성장할 수 있다는 점입니다.

이 책은 그 깨달음의 집약체입니다.

프롤로그에서는 발표는 타고난 재능이 아니라는 것을 이야기하며, 누구나 노력하면 잘할 수 있다는 용기를 전하고자 했습니다. 발표가 우리 삶에 얼마나 큰 가치를 가져다주는지에 대한 이야기도 함께 담았습니다.

1부에서는 발표의 기본이 되는 발표 흐름의 중요성과 내용을 구성하는 방법을 다뤘습니다. 흐름이 자연스러운 스토리 만들기, 설득력 있는 본론 구성하기, 비유와 사례를 활용해 메시지를 강화하는 법 등 실제 발표를 준비할 때 바로 활용할 수 있는 노하우를 정리했습니다.

2부에서는 발표 연습의 중요성을 강조하며 실질적인 연습 방법을 설명했습니다. 리허설, 촬영, 동료 피드백, 이미지 트레이닝 등 다양한 연습 방법을 통해 발표 능력을 꾸준히 키워갈 수 있도록 구성했습니다.

3부에서는 발표 실전에서 활용할 수 있는 내용을 담았습니다. 긴장감을 극복하는 방법, 효과적인 시각적 · 청각적 전달법, 질의응답 대응법 등 실전에서 바로 적용할 수 있는 기술들로 구성했습니다.

마지막으로 생성형 AI의 등장으로 발표에도 새로운 시대가 열리고 있는 이야기를 했습니다. 그리고 생성형 AI로 발표 자료를 만들고 스크립트 작성까지 도움을 받을 수 있는 요령을 설명했습니다.

이 책이 여러분의 발표 실력을 한 단계 성장시키는 데 도움이 되기를 바랍니다. 진심으로 여러분에게 힘이 되고 싶습니다. 또한, 이 책이 세상에 나올 수 있도록 도와주신 한석준 대표님께 깊은 감사의 마음을 전합니다.

윤상명

Contents

Contents

CHAPTER 03

발표 실전 공식

발표는 타고난 재능일까?

24살, 처음으로 공식적인 발표 대회에 참가했습니다. 늦은 밤까지 대본을 수정하며 노트북 앞에 앉아 있던 제 모습이 지금도 생생히 떠오릅니다. 손에 쥔 박카스는 이미 미지근해졌고, 머릿속이 복잡했습니다.

'내가 이걸 잘 해낼 수 있을까? 발표를 잘하는 사람들은 처음부터 타고난 재능을 가진게 아닐까? 나는 그들과 다르지 않을까?'

사실, 그때까지만 해도 발표는 저에게 도전이자 두려움이었습니다. 발표를 잘하는 사람들이 부럽기도 했고, 그들이 가진 무언가가 저에게는 없다고 느꼈습니다. 발표는 오직 타고난 재능으로만 가능하다고 믿었던 거죠. 하지만, 스스로에게 이렇게 다짐했습니다.

'한 번이라도 제대로 해보자. 결과가 어찌 되든 후회하지 않게.'

전국 각지에서 대학생 참가자들이 모였고, 외모나 복장만 봐도 세련되고 발표를 잘할 것 같은 사람들이 많았습니다. 그들과 경쟁해야 한다는 사실이 부담으로 다가왔죠. 대회장으로 들어서는 순간 긴장은 더욱 커졌습니다. 하지만 발표 순서가 다가오면서 오히려 마음을 다잡게 되었습니다.

'타고난 재능은 없지만, 나만큼 철저하게 연습한 사람은 없을 거야. 노력한 시간을 믿어 보자. 준비한 만큼 잘 보여 주자.'

결과는 어땠을까요? 2위를 차지하며 금상을 수상했습니다. 처음으로 출전한 발표 대회였지만, 기대 이상의 성적을 거두었죠. 좋은 발표를 만들 수 있었던 비결은 타고난 재능이 아니라 남다른 노력과 집요함이었습니다. 이 대회를 준비하면서 제가 얼마나 집요했는지, 어떤 방법까지 동원했는지 뒤에서 들려드리겠습니다.

발표 대회 이후, 제 일상은 완전히 바뀌었습니다. 처음에는 그저 새로운 분야에 대한 도전 정신으로 시작했죠. 발표를 잘하고 싶다는 열망 하나로 발표 영상을 찾아보고, 관련 책을 읽으며, 거울 앞에서 혼자 발표를 연습하곤 했습니다.

그때부터 발표를 하나의 기술로 접근하기 시작했습니다. 발표를 잘 한다는 것은 단순히 말을 잘하는 것이 아니라, 동시에 많은 사람들에게 내 생각을 전달하는 중요한 능력이라는 걸 깨달았죠.

발표는 단순한 말하기가 아니었습니다, 메시지를 전달하는 방법, 청중의 반응을 읽는 센스까지 필요했죠. 저는 이 모든 것을 배우기 위해 수많은 강의를 듣고, 전문가들의 발표를 분석하며 연구했습니다.

지금은 발표 전문가로서 많은 사람들 앞에서 강연하고, 발표자분에게 맞춤형으로 코칭을 하고 있습니다. 하지만 그 과정이 순탄하지만은 않았습니다. 초반에는 발표 자료를 만드는 데만 몇 날 며칠을 투자했고, 혼자 외롭게 회의실에서 연습하며 좌절을 겪은 적도 많았습니다.

발표는 단순히 말을 잘하는 것이 아닙니다. 스토리의 흐름을 통해 청중과 공감하고, 그들의 마음을 움직이는 과정입니다. 저는 발표를 잘하는 사람은 타고난 재능이 아니라, 오랜 시간 꾸준히 연습하고 개선해 나가는 사람이라고 믿습니다.

여러분도 발표를 잘하고 싶다면 충분히 가능성이 있습니다. 중요한 것은 포기하지 않고 꾸준히 해나가는 것입니다. 저도 처음엔 부족했고, 평범했습니다. 하지만 발표에 대한 열정과 꾸준한 노력을 통해 지금의 자리에 올 수 있었습니다.

이 책이 여러분의 발표 여정에서 든든한 나침반이 되었으면 합니다. 제가 겪었던 시행착오와 경험을 바탕으로, 여러분이 더 빠르게 목표에 다가갈 수 있도록 돕고 싶습니다. 발표는 타고난 재능이 아니라, 여러분의 열정과 노력으로 만들 수 있는 기술입니다. 그러니 포기하지 마세요. 여러분도 할 수 있습니다.

"묻고 싶습니다. 여러분의 10년 후 모습은 어떨까요?"

지금 이 순간부터 시작한다면, 10년 후 여러분도 자신감 있게 무대 위에 설 수 있을 것입니다. 그리고 그때, 여러분이 저처럼 뒤를 돌아보며 이렇게 말할 수 있기를 바랍니다.

"나는 해냈다. 내가 만들어 낸 변화는 내 노력과 열정 덕분이었다."

—

발표 잘해서
좋겠어요.

회사에서 중요한 입찰 제안 프로젝트 발표를 준비하고 있던 3년 전 어느 날, 선배가 다가와 말을 건넸습니다.

"상명 님은 발표를 잘해서 좋겠어요."

순간 조금 당황스러웠습니다. 그 선배는 이미 회사에서 인정받는 자타공인 S급 핵심 인재였기 때문입니다. 제안 전략, 제안서 시각화 등 모든 면에서 뛰어난 역량을 가진 분이었고, 제 눈에는 훨씬 더 잘하는 분이라고 생각했거든요. 그래서 저는 이렇게 대답했습니다.

"선배님께서 훨씬 더 잘하시잖아요!"

그러자 선배는 고개를 저으며 말했습니다.

"아니에요. 다른 것보다 '발표' 잘하는 게 진짜 부러워요. 보여주면 바로 딱 인정받을 수 있잖아요."

그 말은 제게 큰 깨달음을 주었습니다. 발표는 단순한 기술 그 이상이었습니다. 발표는 내 능력을 직접적으로 보여줄 수 있는 중요한 수단이었고, 한 사람의 전문성을 가장 효과적으로 평가받을 기회라는 것을 깨달았습니다. 그 순간, 마음속으로 결심했습니다. '그래, 발표를 내 특기로 삼자. 어떤 일을 하더라도 발표를 포기하지 말자.'

그 결심은 이후 저를 더욱 성장하게 만들어 주었습니다. 중요한 발표가 있을 때마다 저를 찾기 시작했고, 회사의 중요한 프로젝트부터 클라이언트와의 미팅, 내부 교육 세션까지 수많은 발표 기회가 주어졌습니다. 그리고 그 모든 기회는 저에게 신뢰와 인정으로 돌아왔습니다.

전 직장 신입사원 교육 과정 중 있었던 토너먼트 발표 대회는 제게 아주 특별한 순간이었습니다.

제주도의 교육장에 모여 400여 명의 동기들과 함께 교육을 받았습니다. 교육 프로그램의 하나로 진행된 발표 대회는 아주 독특한 형식이었습니다. 반마다 5~6명으로 구성된 조에서 대표 발표자를 뽑고, 각 반의 대표가 다른 반의 대표들과 경쟁하는 형식이었습니다. 그리고 마지막 결선에서는 모든 반에서 선발된 발표자들이 대강당에서 겨루게 되었습니다.

저는 B반 5조의 대표로 선발되었고, 조별 예선에서 1등을 차지해 B반을 대표하여 대강당 무대에 서게 되었습니다. 대강당에는 400명 이상의 모든 동기가 모여 있었고, 각 반에서 선발된 발표자들이 결승을 겨루는 치열한 순간이었습니다. 온몸이 긴장되었지만, 그 긴장을 에너지로 삼아 발표를 했습니다. 그리고 마침내 전체 1등을 차지하게 되었습니다.

무대에서 내려왔을 때 B반 동기들은 물론이고 다른 반의 동기들까지도 축하와 격려의 말을 건네주었습니다. 한순간에 발표 스타가 된 기분이었죠. 정말 짜릿했습니다. 그때 저는 발표가 단순히 많은 사람들 앞에서 정보를 전달하는 것을 넘어, 나 자신을 동시에 여러 사람에게 각인시키는 중요한 수단이라는 것을 확실히 깨달았습니다.

이후에도 그룹 대회에서 계열사를 대표하여 발표하게 되었고, 그 발표를 바탕으로 계열사 최우수 신입사원으로 선정되는 성과를 이루었습니다. 이러한 성과들은 모두 발표라는 기회를 통해 얻은 것들이었습니다.

발표는 단순한 정보 전달을 넘어 전문성과 경쟁력을 드러내는 강력한 도구입니다. 발표를 잘하는 사람은 드물기에 더 분명하고 설득력 있게 말할 수 있다면 큰 강점이 됩니다. 하지만 발표는 타고난 능력이 아닙니다. 누구나 연습을 통해 실력을 키울 수 있으며 한 번 길러진 발표력은 평생 자산이 됩니다.

앤드루 카네기Andrew Carnegie가 말했습니다. "편안한 길을 선택하지 말라. 어려운 길을 선택하면 그 길이 곧 성공으로 이어진다." 발표는 결코 편안한 길이 아닙니다. 많은 사람들이 발표를 두려워하고 피하지만, 그 두려움을 극복하고 발표에 도전하는 사람에게는 기회가 주어집니다.

여러분이 이 글을 읽고 있다는 것만으로도 발표를 더 잘하고자 하는 의지가 있다는 것을 알고 있습니다. 그 의지와 함께 제가 겪었던 경험과 배움을 이 책에 최대한 담아 여러분께 전하고자 합니다. 발표의 가치를 깨닫고, 이를 통해 커리어를 한 단계 도약시키길 바랍니다.

여러분의 성공을 진심으로 응원합니다.

그럼 이제부터 본격적으로 발표 준비, 연습, 실전 단계별로 노하우와 기술을 알아보겠습니다.

01

CHAPTER

발표 준비 공식

—

한 문장으로
시작하기

"발표 시간이 10초라면, 무슨 말씀하실 건가요?"

"딱 한 마디만 하고 나오는 발표라면, 무슨 말을 하시겠어요?"

발표를 잘하고 싶은 분들을 만나면 제가 먼저 던지는 질문 중 하나입니다. 놀랍게도, 대부분의 사람은 이 질문을 받으면 당황하거나 잠시 생각에 잠기다가도, 이내 한 마디를 꺼냅니다. 그 짧은 순간에 우리는 발표의 핵심을 찾아가는 과정을 시작한 것이죠.

이 질문을 던지는 이유는 간단합니다. 사람들은 발표를 준비할 때, 어디서부터 시작해야 할지 막막해합니다. 발표를 위해 PPT를 열면 처음에는 백지상태라서 불안하고, 그래서 무엇인가를 채우기 시작합니다. 글자가 빼곡한 PPT가 완성되면, 왠지 안심이 되기도 하죠. '내가 준비한 내용은 많으니, 이 중에서 어떻게든 전달될 거야'라는 생각이 들기도 하고요.

하지만, 실제로 그 많은 내용을 다 전달하다 보면 발표는 산만해지고, 듣는 사람들은 집중을 잃기 마련입니다. 발표는 핵심적인 메시지를 간결하고 명확하게 전달하는 것이 더 중요합니다. 그래서 저는 발표를 준비하는 첫 단계로, "10초 동안 무슨 말을 할 것인가?"를 고민해 보라고 조언합니다.

어느 날은 대기업 채용 발표 면접을 준비 중이던 후배의 긴급 SOS를 받고, 합정역 근처에 있는 카페로 서둘러 갔습니다. 후배는 초조한 표정으로 자리에 앉아 있었죠.

후배: "선배, 도저히 정리가 안 돼요. 뭐가 뭔지 모르겠어요."
상명: "일단 지금까지 준비한 것부터 보여줘 봐."

후배가 노트북 화면을 보여주는데, 파워포인트에는 수많은 글상자들과 각종 웹페이지 캡처들로 가득 차 있었습니다. 마치 말하고 싶은 내용을 전부 쏟아내려는 듯한 의욕은 보였지만, 오히려 복잡하고 산만하게 느껴졌습니다.

상명: "하고 싶은 말이 너무 많아서 문제구나. 오케이, 목적지를 먼저 찍고 나서 경로를 그려보자. 네비게이션처럼 내가 이끌어줄 테니까 따라와 봐."

그리고 후배의 눈을 보며 다시 질문했습니다.

상명: "자, 가장 하고 싶은 말이 뭐야? 발표 시간이 10초 밖에 없다면, 딱 한 마디만 해야 한다면 어떤 말을 할 거야?"

후배는 잠시 고민하다가 입을 열었습니다.

후배: "…우리 회사랑 계약합시다."

상명: "좋아, 명확하네. 그게 바로 결론이야! 이 결론을 발표 맨 뒤에 두는 거고, 이제 이 결론을 뒤집어서 서론을 만들면 돼."

후배는 혼란스러운 표정을 지었습니다.

상명: "'우리 회사랑 계약합시다'라는 말은 미래에 대한 제안이지? 그럼 이걸 뒤집으면 현재 또는 과거 상황을 이야기해야 해. 예를 들어, 지금은 우리 회사랑 계약이 되어 있지 않거나, 이미 계약되어 있지만 재계약이 필요한 상황일 수 있잖아. 그러니까 서론에서는 현재 상황이나 과거 경험을 말해주는 거야."

후배의 눈빛이 점점 밝아지기 시작했습니다.

상명: "현재 다른 회사와 계약을 하고 있다면 그 회사와 계약하면서 겪은 불편한 점들을 이야기해 주는 거야. 또는, 지금도 우리와 계약이 되어

있다면 그 계약이 얼마나 만족스러웠는지, 그리고 더 나아질 수 있는 점들을 언급하는 거지. 이런 방식으로 공감할 수 있는 이야기로 시작하면 돼."

후배는 고개를 끄덕이며 노트북을 다시 붙잡았습니다. 그제야 그의 발표 구조가 점점 간결해지면서 흐름이 잡히기 시작했습니다. 복잡한 내용은 정리가 되었고, 핵심 메시지를 깔끔하게 전달할 수 있도록 스토리를 재구성했습니다.

이 과정을 통해 후배는 막연하게 널려 있던 정보들을 하나로 꿰어 정리할 수 있었습니다.

발표를 잘하기 위해서는, 무엇보다도 먼저 자신에게 물어봐야 합니다. "내가 정말로 하고 싶은 말은 무엇인가?" 그 답을 찾았다면, 그 한 문장을 발표의 중심에 두고 나머지 이야기들을 구성해 나가야 합니다.

지금 여러분의 PPT는 어떤 상태인가요? 백지 상태에서 막막함을 느끼고 계신가요? 아니면 너무 많은 자료들로 길을 잃으셨나요? 어떤 상태이든 괜찮습니다. 지금부터 딱 10초 동안 할 수 있는 말을 생각해 보세요. 그 한마디가 바로 여러분의 발표를 완성으로 이끄는 시작이 될 것입니다.

결론을 뒤집으면 서론이다

발표를 준비할 때 가장 많이 사용하는 구조가 바로 '서론-본론-결론' 입니다. 다들 이 흐름을 알고 있지만, 서론을 어떻게 시작해야 할지 고민하는 경우가 많죠. 서론을 잘 구성하지 못하면 청중의 관심을 끌기 어렵고, 발표의 흐름이 어색해질 수 있어요. 그래서 오늘은 이 문제를 간단하게 해결할 수 있는 방법을 소개해 드릴게요.

그 방법은 바로 '결론을 뒤집어서 서론으로 시작하는 것' 입니다.

"결론을 뒤집으면 서론이 된다!"

이게 무슨 뜻일까요? 우리가 발표할 때 가장 중요한 결론을 먼저 도출한 뒤, 그 결론을 뒤집어 서론으로 사용하라는 뜻입니다. 서론은 발표의 첫인상과도 같아서, 청중에게 왜 이 발표를 들어야 하는지, 이 내용이 왜 중요한지를 알려줘야 해요. 그리고 그들이 집중할 수 있도록 이끌어야 하죠.

결국 서론은 청중이 결론에 이르는 길을 제시하는 역할을 합니다.

"서론을 어렵게 생각하지 마세요. 결론이 답입니다."

결론을 먼저 생각하고, 그 결론을 어떻게 유도할지 고민하면 훨씬 더 자연스러운 흐름을 만들 수 있습니다.

"결론을 뒤집어서 서론이 되면 저절로 수미상관이 됩니다."

결론을 뒤집어 시작하면 발표 전체의 흐름에 중심을 잡으면서 동시에 청중의 관심을 자연스럽게 끌어낼 수 있습니다. 서론에서 문제를 제기하고, 본론에서 그 문제의 해결 방법을 설명한 뒤, 결론에서는 이 모든 것을 종합하여 해결책의 중요성을 강조하는 흐름이 완성됩니다. 이렇게 하면 청중은 발표의 시작부터 끝까지 논리적인 흐름을 따라오며 발표자와 함께 결론에 도달하게 됩니다.

결론을 뒤집는 서론의 가장 큰 장점은 청중에게 결론을 단순히 미리 알려주는 것이 아니라, 그 결론에 이르는 과정을 직접 체험하게 해 준다는 것입니다. 청중이 문제에 공감하고, 그 해결 과정을 이해하게 되면 발표가 훨씬 더 설득력 있고 인상적으로 다가오게 되죠.

결론을 서론으로 뒤집을 때 유의할 점은 청중이 공감할 수 있는 현재 상황을 강조하고, 그 문제를 해결하는 방향으로 자연스럽게 이끌어야 한다는 것입니다. 이렇게 하면 발표는 훨씬 더 효과적이고 강력해집니다.

서론에서 청중의 흥미를 끌고 그들의 공감을 끌어내는 것은 발표 성공의 중요한 열쇠입니다. 그러니 발표를 준비할 때 결론을 먼저 생각하고, 그 결론을 뒤집어 서론으로 만들어 보세요. 청중은 자연스럽게 당신의 발표를 따라오게 될 것이고, 발표자는 더 자신감 있게 발표를 이끌어갈 수 있을 겁니다.

어렵게 생각하지 말고, 다음 발표에서는 이 방법을 시도해 보세요. 결론을 뒤집어서 서론으로 시작하는 방법이 얼마나 효과적인지 느끼게 될 것입니다.

—

서론을 설득하는 본론, 3가지

결론을 먼저 확실히 정리했고, 그것을 뒤집어서 서론을 만들었습니다. 이제 본론만 잘 채우면 되겠죠. 본론은 설득하고자 하는 결론을 뒷받침해 줄 수 있는 내용과 서론에서 제시한 문제점을 해결해 줄 수 있는 방법들로 '위(서론)-아래(결론)'를 연결해 주면 됩니다.

'발표의 핵심 목적이 무엇이라고 생각하시나요?' 많은 사람들이 이 질문에 대한 답으로 '정보 전달'이나 '상호 교류'를 떠올립니다. 맞아요, 맞는 말이죠. 하지만 그보다 더 궁극적인 목표는 바로 '설득'입니다. 내 말이 상대방의 마음을 움직이게 하는 것, 그것이 바로 진짜 발표의 목적입니다. 그리고 그 설득의 순간을 만들어 내기 위해서는 본론에서 몇 가지 강력한 도구들을 잘 활용하는 것이 중요합니다.

어느 날, 인스타그램 DM에 새로운 알림이 떴습니다. 약사 인플루언서로 약사님들 사이에서 인지도가 높은 분이었죠. 호기심에 DM을 열어보니 이렇게 적혀 있었습니다.

"yoon_pt님께서 스피치 강의 해주시면 너무 반응 좋을 것 같아요~"

'약사님들을 위한 스피치 강의라...' 순간 여러 가지 생각이 스쳐 지나갔죠. 약국이라는 환경, 약사님들의 특성, 그리고 어떤 말하기가 필요할까 등등. 머릿속에 차오르는 아이디어를 노트북을 열어 곧바로 정리하기 시작했습니다.

그렇게 해서 탄생한 것이 '고객 설득을 위한 약국 스피치'라는 재능기부 미니 특강이었습니다.

약사님들이 전달하는 정보는 사람의 생명과 건강에 중요한 영향을 미치는 약에 관한 내용이죠. 이는 아무리 간단한 내용이라도 듣는 사람 입장에서는 정말 중요한 정보입니다. 그래서 저는 약사님들이 이런 중요한 설명을 더 빠르고 정확하게 설득할 방법을 고민하기 시작했죠.

드디어 강의 당일이 되었습니다. 약사님들 앞에 서서 저는 먼저 약사님들의 입장을 공감하는 이야기로 강의를 시작했습니다. "여러분은 약에 대해 가장 잘 아는 전문가이십니다. 하지만 환자분들 입장에서는 그 정보가 낯설고, 때로는 어렵게 느껴질 수 있어요. 그래서 오늘은 그 벽을 허물 수 있는 몇 가지 방법을 공유해 드리려고 합니다."라고 말하며 본격적인 강의를 시작했습니다.

구체적으로 약사님을 위한 약국 스피치 특강에서 했던 설득을 위한 3가지를 도구를 설명하겠습니다.

비교의 힘

비교는 상대방이 무엇을 느껴야 하는지 명확히 만들어 주는 가장 직관적인 방법입니다. 비교를 통해 우리는 정보를 빠르게 소화하고 결정을 내리게 됩니다. 여러분이 청중을 설득하기 위해 가장 먼저 시도해 볼 수 있는 것이 비교입니다.

다른 대상과의 비교

한 번 이런 상황을 떠올려 보세요. 약사가 이렇게 말합니다.

"고객님, 이 약에는 비타민 C가 3000mg 들어 있어요."

어때요? 3000mg이라는 수치가 그렇게 와닿으시나요? 사실 숫자만으로는 얼마나 많은지 쉽게 감이 오지 않아요. 이제 이렇게 바꿔볼게요.

"고객님, 이 약은 다른 제품보다 비타민 C가 3배 더 들어 있어요."

이제 훨씬 더 명확하게 다가오죠? 3배라는 단어는 비교를 통해 상대적인 차이를 알려주고, 듣는 사람으로 하여금 '이 제품이 확실히 더 좋구나'라는 느낌을 받게 합니다. 이는 단순히 수치를 나열하는 것보다 훨씬 설득력이 있습니다.

과거와 현재, 현재와 미래의 비교

또 다른 예로, 만약 30대 초반의 고객이 약국을 찾았다고 해봅시다. 약사가 이렇게 말합니다.

"고객님, 이제 30대부터는 노화가 시작돼요. 그러니 20대 때보다 비타민 C를 더 많이 섭취해야 해요."

이 말은 과거와 현재를 비교하면서 현재의 필요성을 강조하는 것입니다. 단순히 "비타민 C 많이 드세요."라고 말하는 것보다 훨씬 더 구체적이고 설득력이 있습니다. 듣는 사람으로 하여금 자신이 처한 상황을 명확히 인식하게 만들어주니까요.

시대 변화와의 비교

비타민의 필요성을 설명하면서 시대의 흐름을 비교하는 것도 좋은 방법입니다.

"고객님, 요즘은 예전보다 식단이 불규칙해지고 스트레스도 많아졌잖아요. 그래서 예전처럼 자연스럽게 충분한 영양소를 얻기 어려워요. 비타민 C를 따로 챙겨 드시는 게 좋습니다."

이렇게 현재와 과거를 비교하면서, 지금의 필요성을 강조하면 사람들은 더 쉽게 공감하게 됩니다. 단순한 건강 조언보다는 '왜 지금, 이 순간에 필요성이 더 커졌는가?'를 이해하게 되죠.

사례의 힘

사람들은 본능적으로 위험을 피하려 하고, 어떤 선택이 더 안전한지 판단하기 위해 다른 사람들의 경험을 기준으로 삼습니다. 이런 인간의 심리를 활용하여 설득의 도구로 쓸 수 있는 것이 바로 '사례'입니다.

다른 사람의 경험

예를 들어, 약사가 이렇게 말한다고 상상해 보세요.

"이 약은 효과가 좋아요. 많은 고객들이 만족하고 계세요."

단순히 '좋다'는 말보다는, "고객님, 이 약을 드시고 피로감이 확실히 줄었다고 말씀하신 분들이 많아요. 한 분은 특히 주말마다 등산을 가실 정도로 좋아졌다고 하셨어요." 이렇게 구체적인 경험을 전달해 주면, 듣는 사람은 '아, 나도 이런 효과를 볼 수 있겠구나'라고 생각하게 됩니다.

전문가의 경험

전문가의 경험은 신뢰성을 크게 높입니다. 약사가 고객에게 이렇게 말한다고 해볼게요.

"사실 저도 이 약을 꾸준히 복용하고 있어요. 효과가 정말 좋거든요." 혹은, "이 약은 약사들 사이에서도 효과가 좋다고 유명해요."라고 말할 수 있습니다. 이처럼 전문가가 직접 경험했거나, 동료 전문가가 추천하는 제품이라면 신뢰감이 크게 상승합니다. 청중들은 전문가의 의견을 신뢰하는 경향이 크기 때문입니다.

연구 사례 인용

실제 연구 결과나 통계를 활용하는 것도 좋은 방법입니다.

"이 약은 서울대학교와 공동으로 연구해서 개발한 제품이에요. 임상 시험에서도 효과가 확실하게 입증되었습니다."

이처럼 권위 있는 연구기관이나 학술적 근거를 인용하면 사람들은 더 쉽게 설득됩니다. 단순한 말보다는 검증된 자료가 주는 신뢰가 크기 때문이죠.

비유의 힘

비유는 정보의 비대칭을 해결하는 데 정말 효과적인 도구입니다. 발표자는 자신이 아는 정보를 쉽게 전달해야 하고, 듣는 사람은 그 정보를 쉽게 이해해야 합니다. 그런데 가끔 어려운 전문 용어를 쓰거나, 익숙하지 않은 개념을 이야기하다 보면 '지식의 저주'에 빠질 수 있죠. 이런 상황에서 비유는 강력한 도움이 됩니다.

예를 들어, 약사가 이렇게 설명한다고 해볼게요.

"토끼와 거북이 이야기 아시죠? 이 약은 토끼처럼 빠르게 효과가 나타나는 약은 아니에요. 대신 거북이처럼 느리지만 꾸준히 복용하시면 장기적으로 건강을 크게 개선할 수 있습니다." 이렇게 익숙한 이야기를 통해 약의 특성을 비유적으로 설명하면, 청중은 '아, 이 약은 꾸준함이 중요하구나'라는 것을 쉽게 이해하게 되죠. 비유는 복잡한 개념을 간단히 풀어서 설명하는 데 정말 유용한 도구입니다.

이제 여러분이 발표를 준비할 때, 본론에서 설득력을 높이는 도구를 어떻게 활용할지 좀 더 명확해졌을 거예요. '비교'를 통해 청중이 상대적인 가치를 직관적으로 이해하게 만들고, '사례'를 통해 안전성과 신뢰감을 주며, '비유'를 통해 어려운 개념을 쉽게 풀어 설명해 보세요. 이 세 가지 도구를 적절히 활용하면, 청중의 마음을 움직이는 발표를 할 수 있습니다.

발표는 단순히 정보를 전달하는 것이 아니라, 사람들의 생각과 행동을 변화시키는 강력한 도구입니다. 그 변화는 여러분이 어떤 도구를 사용하느냐에 따라 크게 달라질 수 있죠. 이제 여러분도 이 도구들을 적극적으로 활용해 발표의 힘을 극대화해 보세요. 청중을 설득하고, 그들의 마음에 깊은 인상을 남기는 발표자가 될 수 있습니다.

—

설득의 비밀 무기, 스토리텔링

앞서 우리는 발표의 기본 구조인 '서론-본론-결론'의 흐름을 쉽게 만드는 방법에 대해 알아봤습니다. 여러분은 이렇게 생각할 수도 있을 거예요. "그냥 바로 본론으로 들어가서 설명하면 안 되나? 뭐하러 복잡하게 서론도 얘기하고 결론도 맺고 해야 하는 거지?" 솔직히 저도 처음엔 그런 생각을 했어요. 하지만 발표는 '서론-본론-결론'으로 이어지는 흐름이 있을 때 전달력이 높아지고 청중의 집중도도 높아집니다. 그 이유를 여러분께 좀 더 과학적으로 설명해 보겠습니다.

이 모든 것은 우리의 뇌, 특히 좌뇌와 우뇌의 차이에서 비롯됩니다. 좌뇌와 우뇌는 각기 다른 역할을 합니다. 이 둘을 동시에 자극하는 것이 설득의 비밀 무기죠. 먼저 좌뇌와 우뇌가 어떤 역할을 하는지 간단히 살펴보겠습니다.

좌뇌는 논리적 사고, 분석, 언어, 수학과 관련된 활동을 주로 담당합니다. 쉽게 말해, 여러분이 엑셀을 열고 복잡한 수식을 짜거나, 숫자를 계산할 때 주로 사용하는 게 좌뇌입니다. 정보를 순서대로 정리하고 체계화하는 역할도 좌뇌의 몫입니다. 그래서 발표에서 데이터를 다루거나 논리적으로 무언가를 설명할 때는 좌뇌를 자극하는 것이 중요합니다.

그렇다면 우뇌는 어떤 역할을 할까요? 우뇌는 상상력, 창의성, 감성, 그리고 시각적, 공간적 활동을 담당합니다. 여러분이 감동적인 영화를 보거나 아름다운 풍경을 보고 마음이 움직일 때, 주로 작용하는 부분은 바로 우뇌예요. 좌뇌가 정보를 숫자와 논리로 쪼개서 본다면, 우뇌는 전체적으로 감정적으로 느끼게 됩니다. 예를 들어, 여행지에서 아름다운 바다를 봤을 때 '아, 예쁘다!' 하고 느끼는 감정은 우뇌가 담당하고 있습니다.

발표는 좌뇌와 우뇌를 동시에 자극하는 스토리텔링이 필요합니다. 발표는 단순히 데이터를 던져주는 게 아니라, 그 데이터를 통해 듣는 사람들의 감정과 공감을 끌어내는 과정입니다. 이것을 잘 이해하려면, 우리 스스로를 관객 입장에서 생각해보면 좋아요.

예전에 한 프로젝트에서 발표할 때 있었던 일입니다. 그때 제가 발표한 내용은 매우 기술적이고 숫자가 많은 자료였습니다. 숫자와 분석으로 가득 찬 발표 내용을 듣는 사람들의 눈빛이 점점 흐려지는 걸 보았고, '지루해서 집중이 안 될 텐데'라는 생각이 들었습니다. 저는 발표의 흐름을 바꾸어 그 자료와 관련된 고객의 성공 사례를 이야기했습니다. 그 순간 사람들의 눈빛은 다시 반짝였습니다. 왜냐하면 그때 우뇌를 자극하는 이야기를 했기 때문입니다.

스토리텔링의 첫 번째 중요성은 바로 감정적 공감입니다. 예를 들어, 여러분이 어떤 신기술에 대해 발표하고 있다고 해볼게요. 만약 그냥 기술의 원리와 데이터만 설명하면 좌뇌는 이해할 수 있지만, 우뇌는 따분해합니다. 그 기술이 실제로 사람들의 삶을 바꿨는지, 예를 들어 한 가족이 이 기술 덕분에 얼마나 행복해졌는지에 대한 이야기를 들려주면, 관객의 우뇌가 반응합니다. 그들의 감정과 공감을 얻을 수 있는 거죠.

한 번은 한 중소기업 사장님을 만났는데, 그분이 새로운 사업 아이템을 발표하는 자리였습니다. 그 아이템은 굉장히 기술적이고 전문적인 내용이었는데, 그분은 이야기를 시작하기 전에 먼저 본인의 창업 초기 시절 이야기를 꺼냈습니다. 그분은 작은 사무실에서 밤낮으로 일하면서 자금을 마련하기 위해 고군분투했고, 전혀 예상치 못했던 기술 문제로 큰 위기를 맞았던 경험을 이야기하였습니다. 그때의 어려움 속에서 어떻게든 문제를 해결하고 싶어 하루 종일 부품을 찾아다니며 발로 뛰었던 경험이 결국 이

번 아이템의 영감을 준 거라고 하셨죠. 그분은 그때 느낀 절박함과 끈기가 없었다면 지금의 기술은 나오지 않았을 거라고 덧붙였습니다. 그 이야기를 들은 순간, 그 자리에 있던 모든 사람들은 그분의 이야기에 몰입했습니다. 그분의 경험에서 비롯된 진솔한 이야기가 우뇌를 자극했고, 그 이후 좌뇌가 기술적인 타당성을 받아들일 준비를 하게 되었던 거죠.

스토리텔링은 이해와 기억을 강화하는 데도 큰 역할을 합니다. 우리의 좌뇌는 정보를 논리적으로 구조화하는 데 능숙하지만, 우뇌는 이야기와 이미지를 통해 정보를 받아들입니다. 예를 들어, 복잡한 개념을 설명할 때 이론적인 설명만 한다면 머리에 잘 남지 않을 수 있지만, 이를 쉬운 이야기나 비유로 풀어주면 훨씬 오래 기억에 남죠.

한 번은 발표에서 '고객의 데이터 흐름'에 대해 설명해야 했습니다. 이 개념은 좀 복잡한 개념이어서 숫자와 흐름도로만 설명하면 다들 어려워했죠. 그래서 저는 이 개념을 '차도에서 차선과 병목 구간'에 비유하여 설명했습니다. 고객 데이터가 차처럼 차선을 따라 이동하고, 특정 구간에서 병목 현상으로 인해 흐름이 멈추거나 느려지는 것이 문제의 원인이라는 식으로 설명했죠. 사람들이 이 비유를 듣고 나서 고개를 끄덕이며 '아, 이제 이해했어요!'라는 반응을 보였죠. 이렇게 좌뇌와 우뇌를 동시에 자극했을 때, 이해와 기억이 확실히 강화된다는 걸 느꼈습니다.

마지막으로, 스토리텔링은 신뢰와 연결성을 구축하는 데 매우 유용합니다. 청중은 발표자의 이야기를 통해 감정적으로 연결되며, 그 결과 발표자와 주제에 대한 신뢰를 형성하게 됩니다. 제가 한 번은 고객사와의 중요한 발표에서 성공적인 사례를 이야기했어요. 그 이야기를 통해 그들이 저와 공감대를 형성하고, 발표 내용에 대한 신뢰도가 매우 높아지는 걸 느꼈죠. 발표자가 단순히 데이터를 나열하는 사람이 아니라, 그 데이터를 통해 실제로 변화를 만든 사람이라는 걸 느낀 거죠.

그때 저는 발표 자료를 준비하면서 과거에 있었던 실패와 성공 경험들을 다듬어서 하나의 작은 이야기로 만들었습니다. 그러면서 느낀 것은, 사람들이 결국 숫자나 논리적 설명만으로는 움직이지 않는다는 거였어요. 그들이 진짜로 원하는 것은 그 데이터 뒤에 있는 사람들의 이야기, 감정, 그리고 진심이었습니다. 발표에서 스토리텔링이 중요한 이유가 바로 이것 때문입니다.

여러분이 다음에 발표를 준비할 때도 한번 생각해 보세요. '이 발표에서 나는 어떤 이야기를 들려줄 수 있을까?' 숫자와 분석, 논리적인 설명도 중요하지만, 그 속에 작은 이야기를 심어두는 것만으로도 발표의 힘이 훨씬 강력해질 거예요. 좌뇌와 우뇌를 모두 자극하는, 그래서 듣는 사람들이 '아, 이건 정말 내 이야기구나'라고 느낄 수 있는 그런 발표를 해보시길 바랍니다.

—

논리로 설득하고, 감성으로 움직여라

여러분도 한 번쯤 이런 경험이 있으시죠? 마트에서 장을 보거나 온라인 쇼핑을 할 때, 처음에는 '이건 꼭 필요해!' 라고 생각했지만, 막상 구매할 때는 전혀 다른 이유로 선택했던 적이요. 이성적으로는 합리적인 이유가 충분해 보이는데, 결국 '느낌이 와서' 혹은 '이건 왠지 나한테 딱 맞을 것 같아' 같은 감정이 결정을 내리게 만든 경험 말이에요.

「장사의 신」의 저자 김유진 대표님은 소비자의 마음을 아주 정확하게 꿰뚫어 보고 있다고 생각했습니다. 김유진 대표님은 한 강연에서 이렇게 말했다고 합니다. "소비자는 이성적으로 구매를 결정하지 않습니다. 결국 감정이 결정적입니다." 이 말이 정말 공감되지 않나요? 어떤 상품이든, 가격이나 성능 등 조건이 아주 좋아도 결국 내 마음에 드는지, 감정이 동요하는지에 따라 우리가 구매를 결정하게 되는 것 같습니다.

이런 감정적인 요소는 구매뿐만 아니라 발표에도 똑같이 작용해요. 우리가 무언가를 설득하고 싶다면, 논리적인 설명만큼이나 듣는 이의 마음을 움직이는 것이 중요하다는 뜻이죠. 이 이야기를 조금 더 깊이 들어가 볼게요. 지금으로부터 약 2,300년 전으로 거슬러 올라가서, 고대 그리스의 철학자 아리스토텔레스가 이런 이야기를 한 적이 있어요. 그가 쓴 「수사학」 책에서는 '설득을 잘하기 위한 세 가지 요소'로 '로고스(Logos)', '파토스(Pathos)', '에토스(Ethos)'라는 개념을 소개했습니다.

이 용어들은 조금 낯설게 느껴질 수도 있지만, 우리 일상에 아주 쉽게 대입할 수 있습니다. 요즘 많이 쓰이는 MBTI로 풀어서 설명해 볼게요. 로고스는 MBTI의 T, 그러니까 이성적이고 논리적인 사고를 하는 쪽이라고 볼 수 있고, 파토스는 F, 감성적이고 공감을 잘하는 쪽으로 이해할 수 있어요. 그리고 에토스는 말하자면 'GOAT(Greatest Of All Time)', 즉 많은 사람들에게 신뢰받고 존경받는 사람이 가진 특징이라고 생각하면 쉬워요.

먼저 로고스(Logos)에 대해 이야기해 볼게요. 로고스는 발표의 논리적인 부분을 나타냅니다. 우리가 발표할 때 '서론-본론-결론'으로 구성하잖아요? 이 중에서도 특히 본론 부분에서 로고스를 많이 고려해야 해요. 우리는 본론에서 우리의 주장이나 아이디어를 논리적으로 설명하고, 사실과 데이터를 통해 신뢰성을 쌓아야 해요. "이 제품은 기존 제품 대비 전력 소모를 30% 줄일 수 있습니다" 같은 말들이 로고스의 전형적인 예죠. 이런 설명은 우리 머리로 하여금 '아, 이거 합리적이네!'라고 느끼게 합니다. 하지만, 로고스만으로는 충분하지 않다는 걸 우리 모두 알고 있죠. 아무리 논리적으로 설명을 잘해도, 듣는 이의 '마음'이 움직이지 않으면 그 말은 그저 정보로만 남게 됩니다. 그래서 아리스토텔레스가 강조한 두 번째 요소가 바로 파토스(Pathos)입니다. 파토스는 감정적인 부분, 즉 청중의 마음을 움직이는 힘이에요. 우리는 발표의 서론에서 이 파토스를 많이 사용하곤 해요. 청중의 시선을 끌고, 감정적인 연결을 시도하는 순간이죠.

예를 들어, 건강 관련 발표를 한다면 서론에서 "최근 많은 사람들이 스트레스와 불규칙한 생활로 건강이 악화되고 있으며, 이는 우리의 삶의 질을 떨어뜨립니다. 이 문제는 결국 우리의 행복과 가족의 안녕을 위협할 수 있습니다"라고 말하는 것이 바로 파토스입니다. 청중은 이 말을 들으면서 감정이 동요하고 문제의 심각성을 개인적으로 느끼기 시작하죠. 이렇게 감정적 연결이 이루어지면, 이후의 논리적인 설명도 더 잘 받아들여집니다.

마지막으로 에토스(Ethos)입니다. 에토스는 발표하는 사람의 신뢰성, 전문성, 그리고 도덕성에 관련된 부분이에요. 여러분이 누군가의 말을 신뢰하게 되는 이유가 뭘까요? 그 사람이 그 분야의 전문가이기 때문일 수도 있고, 혹은 그 사람이 평소에 성실하고 정직한 모습을 보여왔기 때문일 수도 있죠. 발표에서도 마찬가지예요. 발표자가 신뢰할 만한 사람이라는 느낌을 주면, 청중들은 그 이야기에 더 쉽게 귀를 기울이게 됩니다. 예를 들어, 여러분이 어떤 금융 관련 상품을 설명하는 발표를 한다면, "저는 지난 15년간 금융 업계에서 근무하면서 다양한 고객들의 자산 관리를 도우며 큰 신뢰를 얻고 있습니다"라고 말하는 것이 에토스의 한 예가 될 수 있어요.

이렇게 로고스, 파토스, 에토스는 각각 다르게 보이지만, 사실 설득력 있는 발표를 위해서는 이 세 가지 요소가 모두 필요합니다. 로고스를 통해 듣는 이의 머리를, 파토스를 통해 마음을, 그리고 에토스를 통해 발표자에 대한 신뢰를 얻는 것이죠. 여러분도 발표를 준비할 때, '내 이야기가 얼마나 논리적인가?'라는 질문뿐만 아니라 '내 이야기가 청중의 마음을 얼마나 움직이는가?' 그리고 '내가 청중에게 신뢰감을 주고 있는가?'를 함께 고민해 보세요.

저도 처음에는 논리적 설명에만 집중했어요. 하지만 청중의 반응은 싸늘했죠. 문제의 심각성을 '느끼게' 하지 못했고, 신뢰도도 부족했습니다. 이후, 공감할 수 있는 이야기와 경험담을 더하며 파토스를 활용하니 반응이 훨씬 좋아졌습니다.

결국 발표는 사람과 사람 사이의 소통이잖아요. 사람은 이성과 감성, 그리고 서로 간의 신뢰를 바탕으로 소통합니다. 여러분도 다음에 발표를 준비할 때는 아리스토텔레스의 로고스, 파토스, 에토스를 기억해 보세요. 논리적인 설명, 감정적인 연결, 그리고 발표자로서의 신뢰를 잘 조화시킨다면, 여러분의 발표는 듣는 이들의 마음과 머리, 그리고 행동까지 움직이게 될 것입니다.

—

FiReMe 구성하기

어느 날, tvN의 인기 예능 프로그램 '유 퀴즈 온 더 블록'에서 문서의 신이라고 불리는 백승권 전 청와대 홍보수석실 행정관이 출연한 것을 봤습니다. 백승권 님이 말하는 내용은 복잡하지 않으면서 묘하게 마음에 와 닿았죠. 아마도 백승권 님의 말 속에는 무언가 특별한 힘이 있었던 것 같았습니다. 특히 백승권 님의 「글쓰기가 처음입니다*」 책에 나오는 '피래미 구성법(FiReMe)'이라는 글쓰기 방식은 매우 실용적이었습니다. 이 구성법은 발표를 잘하기 위한 스토리텔링에도 아주 유용했습니다.

* 「글쓰기가 처음입니다」 메디치미디어, 백승권 (2014.05.10.)

백승권 님이 말하는 피래미 구성법은 'Fishing (낚시)', 'Reasoning (근거)', 'Message (결론)'이라는 세 가지 단계로 구성되어 있어요. 도대체 무슨 말인가 싶겠지만, 사실 아주 간단합니다.

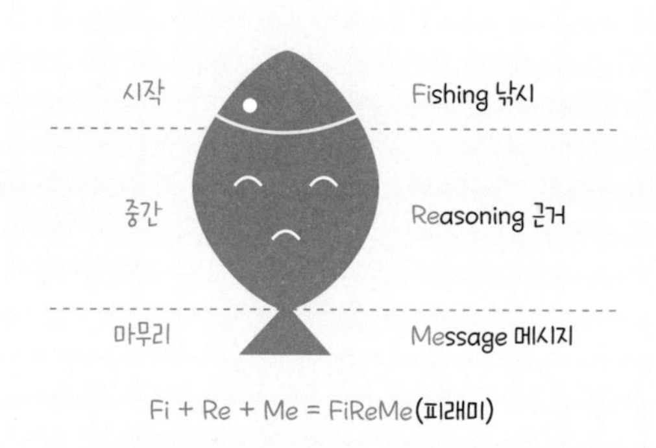

낚시(Fishing)

피래미 구성법의 첫 단계는 '낚시'입니다. 여기서 낚시란, 말 그대로 듣는 사람의 마음을 확 잡아채는 것을 말해요. 발표 시작부터 상대방을 낚아채는 것이 중요합니다.

여러분이 새 프로젝트에 대해 발표를 준비한다고 가정해 봅시다. 딱딱하게 '오늘 저는 새 프로젝트에 대해 말씀드리겠습니다'라고 시작하는 대신, '여러분, 상상해 보세요. 우리가 매일 쓰는 제품이 단 10초 만에 더 편리해질 수 있다면 어떨까요?'라고 시작해 보는 거예요. 이렇게 하면 청중은 '어, 뭐지? 10초 만에 어떻게 더 편리해진다는 거지?' 하면서 귀를 기울이기 시작하겠죠.

이 원리는 인스타그램 릴스나 유튜브 쇼츠 같은 숏폼 콘텐츠에서도 매우 중요해요. 짧은 시간 안에 사람들의 관심을 끌어야 하는 만큼, 초반의 후킹(Hooking)이 정말 필수적이죠. 저도 릴스를 만들 때, 첫 몇 초 안에 시청자들이 스크롤을 멈추게 하기 위해 어떤 장면을 넣을지 고민하곤 합니다. 발표에서도 마찬가지예요. 시작에서 상대방의 관심을 확 낚아챌 수 있어야 하죠. 이게 바로 피래미 구성법의 첫 단계인 '낚시'예요.

낚시 방법에는 여러 가지가 있습니다. 개요를 간단히 설명하거나, 의미 있는 인용문을 사용하거나, 짧은 이야기를 들려주는 것도 좋아요. 심지어는 청중에게 질문을 던져서 생각하게 하는 것도 아주 효과적이에요. 중요한 것은 상대방이 '이 발표는 뭔가 다르다'라는 생각을 하도록 만들어야 한다는 거죠.

근거(Reasoning)

낚시를 통해 청중의 관심을 끌었다면, 이제 그 관심을 계속 붙잡아 둘 차례입니다. 바로 피래미 구성법의 두 번째 단계, '근거' 단계예요. 여기서 여러분은 앞서 던진 '낚시'에 대한 설명을 해줘야 해요. 청중은 이제 여러분의 말에 궁금증을 가지고 있으니, 그것을 충족시켜 줘야 하거든요.

앞에서 이야기한 '10초 만에 더 편리해질 수 있는 제품'에 대해 설명한다고 해봅시다. 그 제품이 어떤 원리로 10초 만에 더 편리해지는지, 그걸 위해 어떤 기술이 사용되었는지, 그리고 그 변화가 우리 삶에 어떤 의미가 있는지 논리적으로 풀어내야 하죠. 사람들은 궁금증을 해소해 줄 근거가 있어야 여러분의 말을 신뢰하게 됩니다.

제 경험으로는, 발표 중간에 이 '근거'를 풀어나갈 때는 너무 많은 정보를 한꺼번에 쏟아내기보다는 중요한 것부터 차근차근 설명하는 것이 좋습니다. 한번은 너무 많은 데이터를 한 번에 설명하려다가 청중이 이해하지 못하는 표정을 짓는 걸 본 적이 있었어요. 그래서 저는 그 이후로 '근거'를 제시할 때 늘 상대방의 입장에서 생각하려고 합니다. 무엇이 제일 중요하고, 무엇부터 설명해야 쉽게 이해할 수 있을까 하고요.

결론(Message)

마지막으로, '결론'입니다. 여기서 결론이란 단순히 발표를 끝맺는 것이 아니라, 청중에게 명확한 메시지를 남기는 것이에요. 피래미 구성법의 세 번째 단계는 바로 이 메시지를 전달하는 단계입니다. 발표를 들은 사람들이 무언가를 기억하고, 행동에 옮길 수 있도록 만드는 것이 목표예요.

저는 발표에서 결론을 말할 때 항상 청중이 가져가길 바라는 핵심 메시지를 분명하게 전달하려고 해요. 예를 들어, '이 기술은 우리 삶을 더욱 편리하게 만들어 줄 것입니다. 이제 여러분의 선택만 남았습니다'와 같이, 청중이 발표의 핵심을 놓치지 않도록 간결하게 전달하는 거죠. 중요한 것은 복잡하게 말하지 않고, 한 문장으로도 강하게 남길 수 있는 메시지를 만들어 내는 거예요.

한 번은 발표 마무리를 너무 장황하게 했던 적이 있었습니다. 결국 청중이 핵심을 놓치고, 무엇이 중요한지 헷갈리는 것을 보고 많은 것을 배웠죠. 그 이후로는 '결론은 짧고 강렬하게'라는 원칙을 지키고 있습니다.

이 FiReMe(피래미) 구성법은 발표를 잘하기 위한 하나의 강력한 도구라고 할 수 있어요. 청중의 호기심을 끌고, 그 관심을 논리적으로 뒷받침하며, 마지막에 강한 메시지를 남기는 것이죠. 이러한 구조를 잘 이해하고 연습하다 보면, 여러분의 발표가 훨씬 더 설득력 있고 매력적으로 변할 거예요. 하지만 여기서 중요한 것은 세 단계의 균형을 잘 맞추는 것입니다. 낚시로 청중의 관심을 끌어놓고도, 근거나 메시지가 부족하면 '용두사미'로 끝나게 되어 청중은 실망하고 여러분에 대한 신뢰를 잃을 수 있어요. 그러므로 '낚시', '근거', '메시지' 세 가지 요소가 모두 탄탄하게 준비되어야 합니다.

제가 이 구성법을 활용하면서 발표에 자신감을 가지게 된 것처럼, 여러분도 발표의 흐름을 잘 구성해 나가면 점점 더 나은 발표자가 될 수 있을 거예요.

그리고 가장 중요한 건, 이 구성법을 자신의 스타일에 맞게 활용하는 것입니다. 누구나 처음부터 완벽한 발표를 할 수는 없습니다. 하지만 작은 실천을 거듭하다 보면 점점 자신만의 발표 스타일이 만들어지고, 어느새 여러분도 '발표의 신'이 되어 있을 것입니다.

—

시간 쪼개서 보기

발표라는 것은 참 어렵죠. 누구나 한 번쯤 발표를 준비하면서 '내가 이걸 다 잘 해낼 수 있을까?'라는 부담감을 느껴본 적 있을 겁니다. 특히 발표 시간이 길거나 내용이 복잡할 때는 더 그렇습니다. 마치 거대한 산을 올라야 하는 것 같은 느낌이 듭니다. 어디서부터 시작해야 할지 모르겠고, 끝까지 다 갈 수 있을지 불안하기도 하죠.

예전에 중요한 제안 발표를 준비하면서 비슷한 경험을 했습니다. 그 발표는 20분 동안 진행해야 했고, 고객사에서 가장 중요한 결정을 앞둔 자리였어요. 제 머릿속에는 온갖 생각들이 떠다녔습니다. '이 모든 걸 20분 안에 어떻게 다 말하지?', '중간에 빠뜨리는 부분 없이 잘 말할 수 있을까?',

‘시간을 초과하면 어떡하지?’, ‘시간이 너무 많이 남으면 어떡하지?’ 등등 정말 머리가 아프더라고요. 그래서 저는 그때부터 제 발표 방식을 조금 바꿔 보기로 했습니다. 거대한 산을 한 번에 오르려 하기보다, 작은 구간으로 나누어 한 걸음 한 걸음 올라가는 식으로 말이죠.

먼저, 발표 시간을 쪼개서 생각해 봤어요. 예를 들어, 20분의 발표라면 서론 3분, 본론 15분, 결론 2분으로 나누는 거죠. 이렇게 큰 틀을 세운 후에 다시 본론을 3개의 작은 부분으로 나눠 각각 5분씩 준비했습니다. 서론과 결론이 각각 3분, 2분으로 부담이 훨씬 줄었고, 본론도 5분씩 세 부분으로 나누니 “아, 이건 할 만하다”라는 생각이 들기 시작했습니다.

발표 준비를 이렇게 나누어서 하다 보면 두 가지 큰 장점이 생깁니다. 첫 번째는 동기부여와 성취감입니다. 원래는 20분짜리 발표를 한꺼번에 준비하려고 할 때는 뭔가 끝도 없고 막막한 기분이 들었는데, 이제는 작은 목표를 하나씩 달성하는 느낌이 들었습니다. 3분짜리 서론을 완성하면 ‘그래, 이제 서론 끝!’ 하고 작게라도 축하할 수 있었습니다, 그다음 5분짜리 본론 한 부분을 마치면 또 한 번 ‘좋아, 이제 본론 첫 번째도 끝났어!’ 하며 스스로를 격려할 수 있었습니다. 이런 작은 성취감이 모여 결국엔 큰 발표 전체를 완성하게 되는 거죠.

두 번째는 발표 내용이 더 체계적이고 일관되게 정리된다는 점입니다. 전체 발표를 한 번에 생각하다 보면 자꾸 주제가 겹치거나 혼란스러워지는 경우가 많습니다. 말하다 보니 앞에서 이미 한 말을 반복하게 되거나, 중요한 내용을 빠뜨리기도 하죠. 하지만 발표 시간을 쪼개서 준비하면 각 부분에 집중해서 구성할 수 있기 때문에 발표 내용이 자연스럽고 명확해집니다. 각 단락마다 어떤 메시지를 전달할지, 어떤 예시를 사용할지, 청중에게 어떤 질문을 던질지 명확하게 정리할 수 있죠.

제 경험을 하나 더 말씀드릴게요. 한 번은 회사 내부 교육에서 팀원들에게 발표 방법에 대해 강의할 기회가 있었습니다. 그때 저는 팀원들에게 이렇게 말했어요. "여러분, 발표는 마치 피자를 나누는 것과 같아요. 전체 피자를 한 번에 다 먹으려고 하면 어디서부터 먹어야 할지 모르겠고, 먹기도 불편하고 힘들지만, 조각으로 나눠서 한 조각씩 먹으면 훨씬 수월하죠. 발표도 마찬가지입니다. 작은 조각으로 나눠서 각 부분에 집중하세요." 라고요.

그리고 팀원 중 한 명이 저에게 와서 이런 이야기를 했습니다. "상명님, 그 피자 비유 정말 좋았어요. 덕분에 이번 발표 준비가 훨씬 수월했어요." 하는데 정말 뿌듯했던 순간이었습니다. 그 팀원은 15분짜리 발표를 준비하면서 서론, 본론, 결론으로 나누고, 본론도 세 부분으로 쪼개서 각 부분에만 집중해서 준비했다고 했습니다. 결과적으로 발표에서 아주 좋은 평가를 받았고, 자신감도 많이 생겼다고 하더군요.

발표 준비는 퍼즐을 맞추는 것과 같아요. 처음엔 조각들이 흩어져 있지만, 하나씩 맞춰가다 보면 완성된 그림이 보이죠. 발표도 마찬가지로, 시간을 쪼개어 작은 단위로 준비하면 부담이 줄고 성취감이 쌓입니다.

다음 발표를 준비할 때, 한꺼번에 하려 하지 말고 작은 조각부터 완성해 보세요. 이렇게 하면 준비 과정이 더 즐거워지고, 결국 청중 앞에서 자신 있게 발표할 수 있을 거예요.

—

공간 나눠서 보기

"사람은 공간을 만들지만, 그 공간은 사람을 만든다."

윈스턴 처칠

"발표자는 PPT를 만들지만, 그 PPT는 좋은 발표를 만듭니다."

윤상명

이번 장에서는 발표에서 사용할 '공간'을 어떻게 설계할 지 이야기해 보겠습니다. 여기서 말하는 '공간'은 바로 발표 자료, 즉 슬라이드입니다. 앞서 발표를 시간적 측면에서 나눠서 생각해 보았다면, 이제는 그 시간에 맞게 시각적 공간을 어떻게 나눌 수 있을지 살펴볼 차례입니다.

예를 들어, 20분 발표를 처음부터 끝까지 한꺼번에 생각하려면 굉장히 부담스럽습니다. 마찬가지로, 30장의 슬라이드를 한 번에 떠올리려 해도 복잡하고 막막해집니다. 하지만, 이 공간을 쪼개어 생각하면 훨씬 가벼워집니다. 마치 큰 퍼즐 조각을 작은 조각으로 나누어 맞추는 느낌이죠. 만약 서론을 3분 정도로 나누어 발표할 계획이라면, 이 3분 동안 몇 장의 슬라이드를 사용하면 좋을지 고민하는 것입니다.

중요한 발표를 준비하면서 이런 방법을 사용한 적이 있습니다. 마감 시간이 다가오고 있었고, 어떻게 하면 발표를 더 쉽게 구성할 수 있을지 고민하고 있었습니다. 그때 파워포인트의 [여러 슬라이드 보기] 기능을 적극적으로 활용해 보기로 했습니다. 슬라이드를 하나하나 만들어 갈 때마다, 전체적인 흐름이 어떻게 이어지는지 확인하고 싶었거든요. 그날 밤, 책상 앞에 앉아 여러 슬라이드를 한 화면에 펼쳐 보니, 마치 하늘에서 숲을 내려다보는 것 같은 기분이 들었습니다. 그전까지는 나무 하나하나를 보느라 전체적인 그림을 놓치고 있었던 것 같았습니다.

파워포인트 기능 활용하기

파워포인트에는 유용한 기능이 많지만, 많은 발표자들이 이 기능들을 충분히 활용하지 못하고 있는 경우가 많습니다. 그중에서도 [여러 슬라이드 보기]와 [구역 추가] 기능은 발표 자료의 전체 흐름을 살펴보기에 매우 효과적입니다.

먼저, [여러 슬라이드 보기] 기능을 사용해 보세요. 슬라이드를 항공샷처럼 한눈에 내려다볼 수 있는 이 기능은 전체 흐름을 파악하기에 아주 좋습니다. 나무만 보지 않고 숲을 볼 수 있게 해주죠. 이렇게 흐름을 전체적으로 살펴보면, 발표 자료의 방향성을 이해하고 각 파트가 어떻게 연결되는지 확인하는 데 도움이 됩니다. 마치 처음부터 끝까지 길을 따라 걷던 여행자가 어느 순간 높은 언덕에 올라 길 전체를 내려다보며 경로를 다시 계획하는 것과 비슷해요.

다음으로 [구역 추가] 기능을 사용해서 슬라이드를 덩어리로 나누어 보세요. 서론, 본론1, 본론2, 본론3, 결론과 같이 구역을 나누면, 각 구역에 몇 장의 슬라이드를 배치할지 직관적으로 파악할 수 있습니다. 제가 발표를 준비할 때, 이렇게 구역을 나누어 슬라이드를 정리했더니 각 파트마다 어떤 내용이 들어가야 할지 명확해졌습니다. 예를 들어, 서론에서 청중의 관심을 끌기 위해 필요한 슬라이드와 본론에서 구체적인 데이터를 보여주는 슬라이드를 구분하는 게 한결 쉬워졌습니다.

인쇄해서 확인하기

두 번째 방법은 발표 자료를 실제로 인쇄해서 펼쳐 보는 것이죠. 넓은 책상이나 바닥에 A4 용지로 인쇄한 슬라이드를 순서대로 놓아 보세요(한 장에 두 개의 슬라이드를 인쇄한 후 반으로 자르면 더 효과적입니다).

한 번은 스타트업 대표인 P의 회사의 미래가 걸린 중요한 투자 유치 발표를 준비하고 있었습니다. 그 발표가 성공적으로 이루어지지 않으면 회사의 생존 자체도 위태로울 수 있는 상황이었죠. 우리는 발표 자료를 인쇄해서 펼쳐 보았습니다. 바닥은 슬라이드들로 가득 찼고, 마치 거대한 퍼즐을 맞추는 듯한 기분으로 슬라이드를 하나하나 배치해 나갔습니다.

슬라이드를 인쇄해 바닥에 놓고 실제로 손으로 자료를 재배치하니, 컴퓨터 화면에서는 보이지 않던 연결 고리와 문제점들이 드러나기 시작했습니다. 슬라이드를 이리저리 옮겨보고, 몇 장은 과감히 빼기도 하고, 새로운 아이디어가 떠오르면 그 자리에서 메모를 추가했습니다. 특히 본론 부분에서 중복되는 내용이 많다는 것을 깨닫고, 그 부분을 합치거나 정리해서 슬라이드 수를 줄였습니다.

이 과정은 생각보다 훨씬 시간이 걸렸지만, 회사의 미래가 걸린 중요한 발표였기 때문에 멈출 수 없었죠. 발표의 흐름을 매끄럽게 만들기 위해 서로 의견을 나누고, 필요할 때는 큰 소리로 발표 내용을 연습해 보기도 했습니다. 밤이 깊어지면서 피곤함이 몰려왔지만, 우리가 투자자들에게 메시지를 어떻게 전달해야 할지 점점 더 명확해지고 있음을 느낄 수 있었습니다.

결국, P 대표님의 발표는 성공적이었습니다. 투자자들은 발표의 논리적인 흐름과 명료한 메시지에 깊은 인상을 받았고, 결국 투자 유치에 성공할 수 있었습니다. 바닥에 펼쳐졌던 수많은 슬라이드와 끝없는 토론이 헛되지 않았음을 깨달았죠.

출력해서 펼쳐 보는 방법은 다소 번거로울 수 있지만, 발표 흐름을 더욱 입체적으로 파악하기에는 탁월한 방법입니다. 모니터 속에서 여러 슬라이드를 보는 것보다 실제 종이를 만지며 위치를 조정하다 보면, 발표 자료의 흐름이 더 명확하게 드러나죠. 발표 자료가 자연스럽게 연결되는지, 중복되거나 어색한 부분이 있는지 실물로 확인하며 슬라이드를 바꾸거나 합치는 작업을 하다 보면 새로운 시각에서 자료를 볼 수 있게 됩니다. 마치 종이로 작은 도시를 만들어 보는 느낌입니다. 그 도시의 도로를 정비하고 건물의 위치를 바꾸면서 전체적인 구조를 다듬어 나가는 거죠.

이 과정을 진행할 때는 '가감승제(+ - × ÷)' 개념을 활용하는 겁니다. 이 개념은 제가 대한프레젠테이션협회 1급 강사 과정에서 배운 내용인데요. 부족한 부분은 더하기(+), 중복된 내용은 빼기(-), 슬라이드를 합칠 때는 곱하기(×), 한 슬라이드에 너무 많은 내용이 담겨 있다면 나누기(÷)로 생각하는 것입니다. 이렇게 단순한 가감승제 개념을 적용하면, 발표 자료의 구성과 흐름을 훨씬 간편하게 정리할 수 있습니다. 그날 저는 너무 많은 정보가 담긴 슬라이드를 나누기도 하고, 비슷한 내용의 슬라이드를 합치기도 하면서 발표의 균형을 잡아나갔습니다. 그렇게 몇 번을 반복하다 보니 어느 순간 “이제 됐다”는 확신이 들었죠.

발표 자료는 단순한 시각적 보조 도구가 아닙니다. 그것은 청중이 당신의 이야기를 따라가고 이해하도록 돕는 중요한 공간입니다. 그 공간을 어떻게 나누고 구성하느냐에 따라 청중의 이해도와 집중도가 달라질 수 있습니다. 파워포인트의 다양한 기능을 활용하여 슬라이드를 시각적으로 나누고, 발표 자료를 인쇄하여 물리적으로 분리해서 검토하는 방법을 통해 여러분의 발표가 한층 더 명료하고 설득력 있게 만들어지길 바랍니다.

1 슬라이드 1 메시지

앞서 설명한 가감승제 중에서도 '나누기(÷)' 개념을 더 알아보겠습니다. 이 공식의 핵심은 한 슬라이드에 딱 하나의 메시지만을 담아야 한다는 것입니다. 듣기에 너무 간단하다고 느껴질 수도 있지만, 실제로 발표 자료를 만들 때 이 규칙을 지키는 건 생각보다 어려운 일입니다.

실제 상황을 예를 들어 설명해 보겠습니다.

발표 자료 준비 시 '나누기' 적용하기

몇 년 전, 중요한 입찰 제안 발표를 준비하고 있었습니다. 고객이 원하는 것은 새로운 기술 솔루션에 대한 구체적인 제안이었습니다. 팀원들과 함께 슬라이드를 준비하면서 끊임없이 고민했죠. '어떻게 하면 이 모든 내용을 한눈에 담아낼 수 있을까?' 그런 고민은 자연스럽게 한 슬라이드에 너무 많은 내용을 집어넣게 되었습니다. 슬라이드는 빽빽해지고, 텍스트와 그래프, 도표들이 얽혀 있어 보기만 해도 숨이 막혔습니다.

발표 전날, 슬라이드를 보며 고민에 빠졌습니다. 내용은 알찼지만, 청중이 짧은 시간 안에 이해할 수 있을지 불안했죠. 그때 동료가 한마디 했습니다. "너무 복잡한데? 핵심이 뭔지 모르겠어." 그 순간 깨달았습니다.

'그래, 너무 복잡해. 핵심이 안 보여.'

그날 밤, 대담한 결정을 내렸습니다. 한 슬라이드에 담긴 여러 메시지를 하나씩 분리하기로 했습니다. 각 슬라이드에는 오직 하나의 메시지만 담고, 나머지는 삭제하거나 다른 슬라이드로 옮겼습니다. 결과적으로 슬라이드 수는 늘었지만, 내용은 더 단순하고 명확해졌습니다. 구체적으로 첫 번째 슬라이드에는 솔루션이 필요한 이유를 한 문장으로 요약했습니다. 다음 슬라이드에는 핵심 기능 하나만 강조하고, 그다음 슬라이드에는 해당 기능이 제공하는 가치를 구체적인 사례와 함께 제시했습니다. 이

렇게 정리하니 각 슬라이드의 목적이 분명해졌습니다

발표 당일, 긴장된 마음으로 무대에 섰습니다. 슬라이드를 넘기며 청중의 반응을 살피자, 확신이 들었습니다. 청중들은 고개를 끄덕이며 슬라이드를 주의 깊게 바라보고 있었습니다. 각 슬라이드에는 하나의 핵심 메시지만이 담겨 있었고, 이를 강조하기 위해 이미지와 간단한 그래프를 활용했습니다. 메시지가 분명하고 단순했기 때문에 청중들은 내용을 쉽게 이해했고, 발표의 흐름도 자연스럽게 이어졌습니다. 발표가 끝난 후, 한 청중이 다가와 말했습니다. "오늘 발표, 정말 이해하기 쉬웠어요. 특히 메시지가 하나씩 명확하게 정리되어 있어서 머릿속에 잘 들어왔습니다." 그 말은 제게 큰 보람을 주었습니다.

이 경험을 통해 발표 준비에서 '나누기'의 중요성을 다시 한번 깨달았습니다. 발표 자료를 만들 때, 처음부터 각 슬라이드에 하나의 메시지만 담도록 노력해야 합니다. 이렇게 하면 청중이 메시지를 쉽게 이해할 수 있고, 발표자가 전달하고자 하는 내용도 더욱 명확해집니다.

발표 중 '나누기' 적용하기

하지만 다른 경우도 있습니다. 발표 자료를 이미 만들었고, 그 슬라이드를 수정할 수 없는 상황이라면 어떻게 해야 할까요? 이럴 때도

'나누기'의 개념을 발표 방식에 적용할 수 있습니다. 즉, 한 슬라이드에 많은 내용이 들어가 있더라도 발표할 때는 그중에서 핵심적인 메시지 하나만을 선택해 강조하는 것입니다. 슬라이드에 여러 정보가 있다고 해서 모두 설명할 필요는 없습니다. 청중이 가장 기억하기를 바라는 한 가지 메시지를 명확히 전달하는 것이 더 효과적입니다. 이 점에서 저는 예전에 후배에게 이렇게 말한 적이 있습니다.

"깨지기 쉬운 유리컵을 세 개 동시에 던지면 받을 수 있겠어? 어렵겠지? 들고 있는 것도 힘들텐데. 아마도 하나도 받지 못하고 와장창 깨지고 말 거야. 하지만 하나만 정확하게 던져서 상대방이 확실히 받을 수 있도록 한다면, 그게 기억에 남고 설득력이 있는 전달이 될거야. 좋은 발표도 마찬가지야."

한 번에 많은 정보를 전달하면 오히려 청중에게 부담이 됩니다. 청중은 한정된 시간 안에 많은 정보를 소화하기 어려워하고, 결국 중요한 메시지를 놓칠 수 있죠. 하지만 하나의 메시지만 명확하게 전달하면, 청중은 더 쉽게 이해하고 오래 기억할 수 있습니다.

1 슬라이드 1 메시지 장점

한 슬라이드에 하나의 메시지만 담으면 여러 가지 장점이 있습니다. 첫 번째로는 청중의 이해력을 크게 향상시킬 수 있습니다. 사람들이 발표를 들을 때 가장 어려워하는 것은 여러 가지 정보를 동시에 처리하는 것입니다. 예를 들어, 텍스트와 그래프, 여러 개의 목록이 한 슬라이드에 빽빽하게 담겨 있다면, 청중은 무엇을 먼저 봐야 할지 혼란스러워하고 중요한 메시지를 놓칠 수 있습니다. 하지만 한 슬라이드에 단 하나의 메시지만 있다면 청중은 그 메시지에만 집중할 수 있게 됩니다.

두 번째로는 슬라이드 간 전환이 훨씬 자연스러워집니다. 슬라이드마다 각기 다른 메시지를 담고 있다 보니, 발표자가 슬라이드를 넘길 때마다 청중들은 새롭게 제공되는 메시지에 주목하게 됩니다. 그리고 자연스럽게 그 흐름에 따라가게 됩니다. 마치 영화의 한 장면이 자연스럽게 다음 장면으로 넘어가듯이, 발표도 매끄럽게 진행될 수 있습니다.

세 번째로는 슬라이드 디자인이 간결해집니다. 메시지가 분명하고 하나뿐이기 때문에 그 메시지를 강조하는 데 필요한 시각 자료만을 넣으면 됩니다. 예를 들어, 텍스트 몇 줄과 이를 설명하는 간단한 이미지 또는 그래프만으로도 충분합니다. 이렇게 간결한 디자인은 청중의 집중력을 높여주며, 시각적으로도 더 깔끔하고 보기 좋습니다.

네 번째로는 시각 자료를 효과적으로 활용할 수 있습니다. 한 슬라이드에 여러 메시지를 담으면, 그 모든 내용을 한꺼번에 설명하려다 보니 시각 자료도 복잡해질 수밖에 없습니다. 반면, 하나의 메시지만 있다면 이를 강조하기 위한 이미지나 그래프 등을 훨씬 더 간결하고 효과적으로 사용할 수 있습니다. 예를 들어, 제품의 특징을 설명하는 슬라이드에는 그 특징을 잘 보여줄 수 있는 이미지 하나만 삽입해도 충분히 효과적일 수 있습니다.

마지막으로, 이렇게 구성된 슬라이드는 발표의 전체적인 효과를 크게 향상시킵니다. 발표의 목적은 청중에게 메시지를 전달하는 것입니다. 하지만 복잡한 슬라이드는 그 목적을 방해할 뿐입니다. 반대로, 한 슬라이드에 하나의 메시지만 담으면 청중은 그 메시지를 쉽게 받아들일 수 있고, 발표자의 의도를 명확히 이해하게 됩니다.

물론, 이 공식을 지키는 것이 항상 쉬운 것은 아닙니다. 발표 자료를 준비하다 보면 전달하고 싶은 내용이 너무 많아서 한 슬라이드에 여러 가지를 담고 싶어질 때가 있습니다. 하지만 그럴 때일수록 다시 한번 생각해 보세요. '내가 정말 전달하고 싶은 핵심 메시지는 무엇인가?' 그 메시지를 명확히 정의하고, 그에 맞는 내용만 슬라이드에 담는 연습이 필요합니다. 이렇게 하면 발표 자료의 품질이 높아지고, 청중에게 더 효과적으로 메시지를 전달할 수 있을 것입니다.

매직넘버 "3"

얼마 전, 프레젠테이션 워크숍에서 한 참가자가 손을 들고 질문을 던졌습니다.

"발표 내용을 얼마나 간결하게 구성해야 청중들이 이해하기 쉬울까요?"

저는 미소를 지으며 이렇게 대답했습니다. "자, 이렇게 생각해 보세요. 우리 주변에 익숙한 숫자가 무엇이 있는지 떠올려 보세요. 가위, 바위, 보. 상, 중, 하. 초복, 중복, 말복. 머리, 가슴, 배. 서론, 본론, 결론. 본론1, 본론2, 본론3 혹시 눈치채셨나요? 대부분이 '3'으로 구성되어 있다는 점이죠."

그 순간 방 안에는 일종의 공감대가 형성되었습니다. 마치 우리가 어린 시절부터 익숙했던 놀이 속에서 이미 이 '매직넘버 3'을 배우고 있었던 것처럼 말이죠.

우리는 왜 3을 좋아할까?

조지 밀러George Armitage Miller 라는 미국의 인지심리학자가 1956년에 발표한 유명한 연구가 있습니다. 이 연구에서 밀러는 인간의 뇌가 한 번에 다룰 수 있는 정보의 양에 한계가 있다는 것을 밝혔습니다.

그는 우리의 단기 기억이 평균적으로 7개의 정보를 다룰 수 있다고 했지만, 실제로 그보다 적은 '3'이 더 기억하기 쉽고 인식하기 편하다는 점을 강조했습니다.

예를 들어, 여러분이 누군가의 전화번호를 외워야 한다고 상상해 보세요. 숫자를 하나씩 외우는 대신 '010-1234-5678'처럼 세 부분으로 나눠서 기억하면 훨씬 쉽습니다. 마치 우리의 뇌가 세 가지로 나누어진 정보를 소화하는 데 더 능숙한 것처럼 말이죠. 이건 발표를 준비할 때도 마찬가지입니다.

대기업 입찰 제안 발표를 하면서 매직넘버 3의 힘을 절실히 느꼈던 경험이 있습니다. 그 당시, 우리는 새로운 솔루션을 고객사에게 소개해야 했는데, 이 솔루션의 장점을 얼마나 설득력 있게 전달하느냐가 발표의 핵심이었습니다.

처음 준비된 발표 자료에는 장점이 다섯 가지나 나열되어 있었습니다. 각 장점마다 슬라이드가 하나씩 배정되었고, 그 안에 기술적인 세부 내용들이 빼곡히 들어 있었습니다. 분명히 우리 팀은 열심히 준비했지만, 연습 발표를 하면서 점점 피드백이 쌓였습니다. '이해하기 어려워요.', '너무 많은 정보가 들어 있어요.'라는 지적이 계속 나왔습니다.

그래서 저는 제안했습니다. "모든 장점을 세 가지로 줄이죠." 팀원들은 당황한 눈치였지만, 저는 그들에게 매직넘버 3의 개념을 설명했습니다. 그리고 우리는 각 장점을 고객의 니즈와 연결해 가장 중요하다고 생각되는 세 가지로 압축했습니다. 첫 번째 장점은 효율성에 집중하고, 두 번째는 비용 절감, 세 번째는 고객 편의성에 관한 것이었습니다. 각각의 장점마다 구체적인 사례 하나씩만 들기로 했습니다.

발표 당일, 고객사 대표님을 비롯한 여러 임원들을 바라보며 "우리가 제공할 솔루션은 고객사의 효율성을 극대화하고, 비용을 줄이며, 여러분의 고객을 더 행복하게 할 것입니다." 라고 세 가지 핵심 메시지를 분명하게 전달했습니다. 역시나 참석자들의 반응은 훨씬 긍정적이었습니다.

이후, 질의응답 시간에는 내용을 충분히 이해한 듯 구체적인 질문들이 이어졌고, 우리는 경쟁사를 제치고 계약을 성사시킬 수 있었습니다. 이 발표를 통해 저는 매직넘버 3의 힘이 실제로 얼마나 강력한지 다시 한 번 깨달았습니다.

매직넘버 3, 정보 전달에 유리하다

전달력이 생명인 경제 유튜버도 매직넘버 3의 원칙을 자주 활용합니다. 경제와 재테크에 대해 복잡한 개념을 설명할 때 세 가지로 핵심 포인트를 정리해 이야기합니다.

예를 들어, '첫째, 자산의 흐름을 파악하기. 둘째, 지출 줄이기. 셋째, 투자 시작하기.'와 같이 세 가지로 정리해 전달합니다. 이러한 방식 덕분에 설명은 이해하기 쉽고, 기억에 오래 남습니다.

또한, 이와 같은 간결한 구성 덕분에 많은 구독자들은 조언을 실천할 수 있고, 매직넘버 3의 원리가 얼마나 실생활에 적용 가능한지를 잘 보여줍니다.

발표할 때 매직넘버 3의 원칙을 적용하면 훨씬 더 효과적입니다. 슬라이드 한 장에 세 가지 키워드만 담는 것이죠. 너무 많은 정보를 넣으면 청중의 집중력이 흐트러지고, 핵심을 파악하기 어려워집니다. 예를 들어, 회사의 비전이나 목표를 설명할 때 '성장, 혁신, 그리고 신뢰' 같은 세 가지 키워드를 중심으로 발표하면 청중들이 쉽게 기억할 수 있습니다.

발표 자료를 준비할 때 여러분도 한 번 매직넘버 3을 떠올려 보세요. 청중이 쉽게 이해하고 기억할 수 있도록, 그리고 발표 내용을 더 간결하고 명확하게 전달할 수 있도록요. 중요한 메시지를 전달할 때는 세 가지로 압축하고, 각 메시지에 구체적인 예시를 하나씩 덧붙여 주세요. 이 방법은 단순히 정보 전달을 넘어 청중과의 소통을 원활하게 해 줄 것입니다.

결국 발표란 청중의 머릿속에 우리의 이야기를 선명하게 각인시키는 과정입니다. 그리고 매직넘버 3은 그 과정에서 우리의 이야기를 돋보이게 만드는 마법 같은 힘이 있습니다. 우리가 매일 접하는 세 가지, 익숙한 세 가지, 그 세 가지의 힘을 활용해 보세요. 청중은 더 집중하고, 여러분의 메시지는 더 오래 기억될 것입니다.

한방을 위한 비밀 무기, 3가지

지금까지의 방식으로도 발표 흐름은 충분히 잘 만들어졌을 것입니다. 하지만 조금 더 특별하게 만들어 볼까요? 발표에 콘셉트, 테마, 그리고 캐치프레이즈를 추가하면 청중의 감성을 자극하고 더 오래 기억에 남는 발표를 만들 수 있습니다. 이런 작은 차이가 청중의 마음을 움직이는 강력한 전략이 됩니다.

얼마 전, 한 공공기관의 중대한 입찰 제안 발표를 준비하며 팀원들과 회의를 하던 날이었어요. 발표 흐름도 좋았고, 자료도 군더더기 없이 잘 정리되어 있었죠. 그런데도 뭔가 부족한 느낌이 들었습니다. 청중에게 깊은 인상을 남길 만한 '한 방'이 없는 것 같았거든요.

고민하며 팀원들에게 물었어요.

"여러분, 이 발표 끝나고 나면 청중이 기억에 남는 게 있을까요?"

한참을 생각하던 팀원이 이렇게 대답했습니다.

"음…좋은 내용이지만, 다른 발표랑 특별히 다르지는 않다고 느낄 수도 있겠네요."

바로 그거였습니다. 우리 발표는 잘 정돈되고 흠잡을 데 없지만, 청중의 마음을 강하게 울릴 '특별함'이 부족했던 거죠. 그래서 그때 꺼내 든 무기가 바로 콘셉트, 테마, 그리고 캐치프레이즈였습니다. 제출 마감이 임박했음에도 불구하고 우리만의 특별한 스토리를 만들기 위해 표지의 디자인과 제목부터 바꾸기 시작했습니다.

발표의 중심을 잡아주는 무게추, 콘셉트

콘셉트는 발표의 핵심 아이디어, 즉 '이 발표는 결국 무엇을 말하려고 하는가?'를 명확히 해주는 역할을 합니다. 그날 우리 발표의 목표는 데이터를 더 잘 관리할 수 있는 시스템을 제안하는 것이었습니다. 저는 콘셉트로 '데이터는 수집보다 관리가 중요하다'를 정했습니다.

콘셉트가 정해지고 나니 발표 준비가 한결 수월해졌어요. 슬라이드에 담을 데이터도, 사례도 모두 이 콘셉트에 맞춰 골라졌죠. 예를 들어, 관리 시스템을 개선한 한 기업의 사례를 설명하며 강조했죠.

"여러분, 이번 프로젝트의 성공 요인은 방대한 데이터가 아닙니다. 데이터를 제대로 관리하고 활용하는 것입니다."

그 순간, 심사위원들의 눈빛이 반짝이는 게 느껴졌어요. 콘셉트 하나로 발표가 훨씬 일관되고 명확해졌습니다.

발표의 분위기를 통일시키는 힘, 테마

다음은 테마입니다. 테마는 발표의 전체적인 느낌과 분위기를 결정짓는 요소예요. 그날 발표에서 저는 테마로 '정확성과 효율'을 선택했어요.

'정확성과 효율'이라는 테마를 살리기 위해 자료 디자인에도 신경을 썼습니다. 배경에는 깔끔한 그래프와 도표 이미지를 활용하여 전문적이고 체계적인 느낌을 주었죠. 팀원 중 한 명이 디자인을 보고 이렇게 말하더군요.

"와, 진짜 우리 시스템이 얼마나 신뢰성 있는지 잘 보여 주는 것 같아요!"

심지어 발표하는 동안 사용하는 비유나 예시도 테마에 맞췄어요.

"여러분, 이 데이터 관리 시스템은 마치 잘 정비된 도로와 같습니다. 데이터를 혼잡 없이 빠르고 안전하게 목적지로 안내할 수 있죠."

청중들이 고개를 끄덕이며 흥미롭게 듣는 모습을 보며 '이 테마 설정, 정말 잘했구나' 하고 느꼈습니다.

청중의 기억에 남는 한마디, 캐치프레이즈

마지막으로 캐치프레이즈. 이는 발표의 핵심 메시지를 한 줄로 강렬하게 전달하는 역할을 해요. 우리 발표의 캐치프레이즈는 '데이터 관리로 혁신을 이끕니다!'로 정했습니다. 발표 중간마다 이 문구를 강조했죠. 마지막 마무리할 때는 이렇게 말했습니다.

"오늘 이 발표가 여러분께 새로운 시작의 영감을 드리길 바랍니다. 데이터 관리로 혁신을 이끕니다!"

청중들이 고개를 끄덕이며 박수를 치는데, 그 순간 발표의 핵심 메시지가 그들의 마음에 각인되었다는 걸 확신할 수 있었습니다.

그날 발표는 결국 성공적이었습니다. 발표가 끝난 후 한 관계자분이 저에게 다가와 이렇게 말했죠.

"오늘 발표, 정말 강렬했어요. 특히 마지막 문장이 계속 머릿속에서 맴돌아요. 우리도 데이터 관리를 제대로 해야겠어요!"

이 말이야말로 발표의 콘셉트, 테마, 캐치프레이즈가 얼마나 중요한지를 보여주는 최고의 증거였습니다.

여러분도 발표를 준비할 때, 이 세 가지 무기를 꼭 활용해 보세요.

콘셉트는 발표의 중심을 잡아주고, 테마는 분위기를 통일시켜 주며, 캐치프레이즈는 발표의 정점을 만들어 줍니다. 이 세 가지를 제대로 활용하면, 여러분의 발표는 더 이상 평범하지 않을 겁니다. 청중의 마음에 깊이 남을 특별한 발표로 거듭나게 될 거예요.

구분	역할	사례
콘셉트	발표의 핵심 아이디어를 명확히 하여 내용의 중심을 잡아주는 무게추. 발표 내용과 방향성을 결정.	"데이터는 수집보다 관리가 중요하다" 슬라이드 콘셉트에 맞는 사례와 데이터 강조.
테마	발표의 전체적인 분위기와 느낌을 통일시켜 청중이 발표의 메시지를 더 쉽게 이해하고 몰입하도록 돕는 요소.	"정확성과 효율" 전문적이고 체계적인 느낌을 주는 그래프와 도표 활용. 데이터 관리 시스템을 정비된 도로에 비유.
캐치 프레이즈	발표의 핵심 메시지를 한 줄로 압축해 청중의 기억에 남도록 강렬하게 전달. 메시지의 지속적 반복으로 기억에 각인.	"데이터 관리로 혁신을 이끕니다!" 발표 중간 및 마무리에 반복적으로 사용. 발표 메시지를 강렬하게 전달.

"경쟁사를 벌벌 떨게 하는" 1분 자기소개

2021년 3월, 저는 대한프레젠테이션협회에서 주관하는 프레젠테이션 전문가 1급 자격을 취득했습니다. 이 자격을 취득하기 위해서는 2급 자격을 먼저 취득하고, 일정 기간 동안 경력을 쌓은 후에야 1급에 도전할 기회가 주어집니다. 이 과정은 단순히 시험을 치르는 것이 아니라, 발표의 이론적 배경과 실습을 병행하며 전문가로서의 역량을 충분히 증명해야 합니다. 발표에 필요한 여러 요소를 학습하고 점검할 수 있었고, 무엇보다 다른 전문가들과 경험과 노하우를 공유하는 귀중한 시간이었습니다.

1급 전문가 양성 과정의 마지막 단계는 자신을 소개하는 1분 영상 프로필을 촬영하는 것이었습니다. 마치 취업 면접에서 준비했던 1분 자기소개가 떠오르더군요. 다른 점이라면 이번에는 녹화로 남겨져 언제든 많은 사람들이 다시 볼 수 있다는 점이었습니다. 이 때문에 더욱 신경을 쓸 수밖에 없었습니다. 동료들도 모두 자신의 스크립트를 준비하며 서로 피드백을 주고받는 모습을 보니, 이 1분 자기소개가 얼마나 중요한지 새삼 실감할 수 있었습니다.

저는 평소 발표할 때 초반의 임팩트를 매우 중요하게 생각합니다. 첫인상이 모든 것을 좌우할 수 있다고 믿기 때문에, 이번 자기소개에서도 초반에 나만의 색깔을 어떻게 나타낼 것인지, 그리고 그 색깔을 어떻게 더 맛깔나게 표현할지를 고민하기 시작했습니다.

먼저, 제가 현재 하는 일과 연관된 키워드를 떠올리기 시작했습니다. '발표, 입찰, 경쟁, 컨설팅...' 여러 단어들이 머릿속을 스치고 있었죠. 그러던 중, 몇 년 전에 들었던 발표 강사 C 대표님의 말이 떠올랐습니다. 그분은 제가 다니고 있는 회사의 경쟁사에서 프레젠테이션 강의를 진행하고 있었는데, 이런 말씀을 전해주셨습니다.

"상명 님, 제가 지금 상명 님 경쟁사에 강의를 하러 왔는데요, 다들 상명 님을 너무 잘 알고 있더라고요. 이번 발표에서 상명 님 만날까 봐 전부들 두려워하고 있어요."

바로 그거였습니다. 저를 가장 함축적으로 표현할 수 있는 문구가 떠올랐습니다. 제가 하는 일의 주특기가 경쟁 입찰에서 발표하는 것이니, 그 강사님의 말처럼 "경쟁사가 두려워하는 발표 전문가"라는 표현이 저를 제대로 나타내는 것 같았습니다. 제가 하는 일이 어떤 일이며, 그 분야에서 어느 정도 인정받고 있는지 청중이 공감할 수 있도록 이 문구를 사용하기로 했습니다.

"안녕하세요. 경쟁사가 두려워하는 컨설턴트 윤상명입니다. 여러분, 발표가 너무 어렵지 않으신가요?"

동료들은 이 문구가 매우 좋다고 피드백을 주었고, 저도 만족스러웠습니다. 그러나 뭔가 2% 부족한 느낌이 들었습니다. 메시지는 강하지만, 귀에 딱 꽂히지 않는 느낌이었죠. 좀 더 생동감을 줄 수 있는 방법을 고민했습니다. 고민 끝에 의성어나 의태어를 넣어 좀 더 실감 나게 만들기로 했습니다. 그 결과가 바로 이 문장이었습니다.

"안녕하세요! 경쟁사를 벌~벌~ 떨게 만드는 발표 전문가 윤상명 컨설턴트입니다. 뚝.뚝. 끊어지는 발표 때문에 고민하고 계시지 않나요?"

이 문구는 더욱 생동감 있게 들렸고, 동료들 역시 훨씬 더 귀에 쏙 들어온다는 피드백을 주었습니다. 이후 곧바로 녹화를 진행했고, 이 자기소개 멘트는 지금도 저 자신을 소개할 때 자주 사용하는 표현이 되었습니다. LG Careers 홈페이지에서 'LG People'을 소개하는 제목으로 활용하고 있죠.

이 과정을 통해 저는 자기소개를 만들 때 두 가지 중요한 단계를 배웠습니다. 나와 나의 직무 특성을 잘 나타낼 수 있는 나만의 언어를 고민하는 것이 첫 번째 단계입니다. 이때 중요한 점은 나의 강점을 함축적으로 표현할 수 있는 메시지를 찾아내는 것입니다. 그다음 단계는 이 메시지를 더 생동감 있고 잘 들리게 만드는 것입니다. 귀에 쏙 들어오는 의성어나 의태어를 사용하면 청중의 관심을 끌고 기억에 남을 수 있습니다.

여러분도 자신의 직무와 강점을 함축적으로 표현하고, 이를 잘 들리게 다듬는 과정을 거친다면, 여러분의 1분 자기소개 역시 청중이나 면접관의 뇌리에 꾹꾹 남길 수 있을 것입니다.

경쟁사를 벌벌 떨게 만드는 입찰 제안 컨설턴트 윤상명입니다.

—

발표의 본질 생각하기

발표 자료를 열심히 준비하다 보면 문득 이런 고민에 빠지게 됩니다. '이 내용을 넣어야 할까? 빼야 할까?', '이 부분을 강조해야 할까, 저 부분을 더 두드러지게 만들어야 할까?' 심지어는 '슬라이드 순서를 이렇게 배치하는 게 맞는지, 저렇게 바꾸는 게 나을지' 같은 고민까지 끝없이 이어지죠. 혼자 준비하는 발표라면 자신의 선택이 문제라지만, 여러 사람이 함께 준비하는 발표라면 의견 충돌이 더 자주 일어납니다.

그럴 때 우리는 종종 '이 문제를 가장 빠르고 명확하게 해결할 방법이 없을까?'라고 생각합니다. 그 해결책이 무엇인지 아시나요? 바로 발표의 근본으로 돌아가는 것입니다.

발표를 준비하다 보면, 처음의 목표나 출발점을 잊게 되는 경우가 많습니다. 우리는 발표를 준비하게 된 이유가 분명히 있습니다. 예를 들어, 입찰 제안이라면 제안 요청서가 있고, 공모전이라면 공고문이 있을 겁니다. 이 문서에는 발표 준비 과정에서 만나는 대부분의 고민을 해결할 실마리가 들어 있습니다. 발표의 배경, 목적, 평가 기준, 그리고 중요한 세부 사항들까지 명확히 적혀 있죠.

그런데 우리는 가끔 발표 내용을 멋지게 꾸미고, 그 안에서 창의성을 발휘하려다 보니 중요한 원칙을 잊어버릴 때가 있습니다. 바로 '출제자의 의도'를 놓치는 겁니다. 출제자의 의도에 맞게 준비하는 것이야말로 발표를 성공적으로 이끌 수 있는 가장 빠른 길입니다.

중요한 공모전을 준비하던 때의 일이었습니다. 당시 팀원들과 함께 제안서를 작성하며 격렬하게 의견이 갈렸던 적이 있습니다. 주된 논쟁은 다음과 같았죠.

"시장성을 강조해서 경쟁력을 강화하자."
"아니야, 실현 가능성이 있어야 해. 그게 더 중요한 가치를 줄 거야."

시장성을 강조하는 쪽과 실현 가능성을 강조하는 쪽이 팽팽히 맞섰습니다. 회의실 분위기는 갈수록 무거워졌고, 결국 아무도 확신을 가지지 못한 채 회의가 길어졌습니다. 그러던 중, 문득 공고문을 다시 확인해야겠다는 생각이 들었습니다.

"잠깐만요. 공고문을 다시 보죠. 거기에 답이 있을 겁니다."

모두가 동의하며 자료를 뒤졌고, 공고문의 평가 배점 기준을 확인했습니다. 주최사가 '시장성'에 20점을 배정하고, '실현 가능성'에는 10점을 배정한 것이 명확히 나와 있었습니다. 이 간단한 정보를 다시 확인하니, 고민은 일순간에 해결됐습니다.

"그럼 시장성 쪽에 더 집중해야겠네요. 주최측은 수요가 많은 서비스를 더 원한다는 뜻이잖아요."

의견 대립은 사라졌고, 이후 논의는 빠르게 진행되었습니다. 그날 이후로 저는 발표 준비에서 가장 중요한 원칙 중 하나를 배웠습니다.

'항상 출제자의 의도, 발표의 목적, 그리고 기준으로 돌아가라.'

이 사례처럼, 발표 준비를 하다 보면 우리는 종종 본질에서 벗어난 고민에 빠지곤 합니다. 멋진 아이디어와 창의적인 발상이 중요하지 않다는 것은 아닙니다. 하지만 출제자의 요구 사항이나 평가 기준과 어긋난다면 아무리 좋은 아이디어라도 무용지물입니다.

입찰 제안이라면 제안 요청서를, 공모전이라면 공고문을, 과제 발표라면 과제 지침서를 항상 옆에 두고, 중요한 결정을 내려야 할 때 이 문서

들을 다시 읽어보세요. 대부분의 고민은 이 문서 안에서 해결됩니다. 문서 안에 명시된 평가 기준, 배점, 그리고 핵심 요구 사항들이 우리의 발표 방향을 명확히 제시해 줍니다.

발표 준비에 매몰되어 원칙을 잊지 마세요. 제가 직접 겪은 갈등과 해결 과정처럼, 여러분도 언제든 근본으로 돌아가면 고민을 빠르게 해결할 수 있습니다.

길을 잃은 당신을 위한 조언

발표를 준비하는 과정은 때로는 지치고, 때로는 막막하게 느껴질 수 있습니다. 발표 준비를 하며 갈등과 고민에 빠졌을 때, 이렇게 해보세요.

1. 발표의 배경과 목적이 적힌 문서를 다시 확인한다.
2. 평가 기준과 배점 기준을 체크한다.
3. 그 기준에 맞춰 논의를 정리한다.

결국 가장 빠르고 정확한 길은 근본으로 돌아가는 것입니다. 발표를 준비하며 수많은 선택의 기로에 놓일 때, 이 원칙을 기억하세요. 출제자의 의도는 고민을 해결하는 나침반이 되어줄 것입니다.

: 발표 준비 공식 요약 정리 :

생각의 순서

❶ 결론 → 뒤집으면 → ❷ 서론 → ❸ 본론

말하기 순서

Ⓐ 서론 → Ⓑ 본론 → Ⓒ 결론

본론에서 설득하는 공식

1 비교 + 2 사례 + 3 비유 = 설득 * 3

발표 흐름이 꼭 필요한 이유

좌뇌(T) + 우뇌(F) = 설득 * 2

로고스(T) + 파토스(F) + 에토스(GOAT) = 설득 * 3

Fishing → Reasoning → Message

: 발표 준비 공식 요약 정리 :

발표 시간을 쪼개서 보기

10분 = 2분 + 6분 + 2분 = 서론 + 본론 + 결론

발표 공간을 나눠서 보기

30장 = 5장 + 20장 + 5장 = 서론 + 본론 + 결론

발표 자료 재구성을 검토할 때는

+ - ÷ × 네 가지 활용하기

1슬라이드 = 1메시지

가장 기억하기 좋은 마법의 숫자 = 3

콘셉트×테마×캐치프레이즈 = (기억 + 설득)×3

고민 해결 = 출제자의 의도

02

CHAPTER

발표 연습 공식

—

국가대표라는 마음으로

발표 자료가 흐름에 맞게 잘 준비되었다면, 이제는 본격적으로 올림픽 정신이 필요한 때입니다. 발표는 준비가 절반이고, 나머지 절반은 연습입니다. 발표하는 그날까지, 아니 발표하는 순간에도 우리는 계속 연습하고 자신을 다듬어야 하죠. 그런데 여기서 '올림픽 정신'이 뭘 말하는 걸까요?

세계 최강 한국 양궁팀의 훈련 방식에 대해 들어보셨나요? 그들은 정말 상상을 초월하는 방식으로 훈련합니다. 야구 경기장에서 응원 소음을 틀어놓고 활을 쏘고, 강풍이 부는 섬에서 훈련하며, 군부대에서 전차를 타고 사격 훈련을 하기도 합니다. 심지어 11미터 높이에서 다이빙하며 담력을 키운다고 합니다. 이런 훈련들이 직접 양궁 실력과 무슨 관계가 있을까

싶죠? 하지만, 이 모든 훈련은 단 하나, 돌발 상황에서도 흔들리지 않는 강한 멘탈과 집중력을 키우기 위한 것입니다.

저는 "발표가 너무 떨려요. 어떻게 해야 하죠?"라는 질문을 자주 받습니다. 제 답은 항상 같습니다.

"올림픽 국가대표 선수가 되었다고 생각하세요."

이렇게 말하면 대부분 "아니, 발표하는데 왜 올림픽 선수 얘기를 하시나요?"라며 어리둥절해 하시죠.

발표도 마찬가지입니다. 발표 도중에 예상치 못한 상황들이 생길 수 있는데, 이를 예측하고 대비하면 긴장감은 크게 줄어듭니다. 예를 들어, 발표 자료가 갑자기 열리지 않거나, 질문이 쏟아지거나, 청중의 반응이 뜨뜻미지근할 때를 대비하는 것입니다. 그리고 이런 대비는 머릿속으로 생각하는 것만으로는 부족합니다. 실제로 연습해야 합니다.

저도 대형 프로젝트 발표 전날, 팀원들에게 이렇게 부탁했습니다. "오늘은 각자 악역을 맡아주세요. 일부러 질문도 날카롭게 하고, 중간에 끼어들기도 하고, 발표 자료가 잘못 나왔다는 가정도 해봅시다."라고요. 그리고 실제 발표장과 비슷한 환경을 만들어 연습했습니다.

연습에서 제 목소리는 떨렸고, 자료 넘기는 타이밍도 놓쳤지만, 반복하면서 점점 나아졌습니다. 발표 당일, 예상치 못한 질문이 들어왔지만, 연습 덕분에 크게 당황하지 않고 대처할 수 있었죠. '이건 이미 연습한 상황이야!'라는 자신감이 생겼기 때문입니다.

여러분도 올림픽에 출전하는 국가대표라는 마음으로 발표를 준비해 보세요. 이런 연습은 발표 실력뿐만 아니라, 담력과 자신감을 키우는 데 큰 도움이 됩니다. 그리고 발표가 끝난 후에는 분명히 느낄 겁니다. "이제 어떤 발표도 두렵지 않아!"라는 자신감을 말이죠.

지금부터라도 연습해 보세요. 가족이나 친구, 동료를 청중으로 두고 실제 발표처럼 진행해 보는 겁니다. 예상 질문도 던져보라고 부탁하고요. 발표도 하나의 경기입니다. 철저히 준비한 사람만이 경기장에서 승리할 수 있습니다. 그리고 그 승리는 여러분만의 것이 될 겁니다.

연습도
실전처럼

앞서 말씀드린 대로, 제가 24살 때 첫 발표 대회를 준비하면서 어떤 연습까지 했는지 말씀드리겠습니다. 그 대회는 전국 대학생을 대상으로 한 정책 제안 경진대회였고, 발표 시간은 단 1분이었어요. 흔히 말하는 엘리베이터 스피치 형식이었죠. 1분 안에 핵심 메시지를 전달해야 했기 때문에 도전적이었습니다.

엘리베이터 스피치가 익숙지 않은 분들을 위해 간단히 설명하자면, 짧은 시간 안에 자신의 아이디어나 제품, 서비스를 설명하는 연설 기법입니다. 보통 30초에서 2분 정도 주어지며, 이름 그대로 엘리베이터에서 층이 몇 개 지나가는 짧은 시간 동안 상대방을 설득한다고 생각하면 됩니다.

1분이면 짧아서 쉬워 보인다고요? 천만의 말씀! 시간이 짧을수록 메시지를 압축하고 정리하는 데 훨씬 큰 노력이 필요합니다. 대회 준비를 하면서 '정말 이걸 1분에 담아낼 수 있을까?' 하는 생각이 수도 없이 들었습니다. 처음에는 초안을 쓰고 나서 스톱워치로 시간을 재봤는데, 매번 1분이 훌쩍 넘어가더라고요. 문장을 줄이고, 단어를 바꾸고, 문맥을 더 간결하게 다듬기를 반복했죠. 거의 글자 하나하나를 뜯어고친 셈입니다.

수십 번의 수정 끝에 드디어 스크립트를 완성했지만, 이걸 완벽하게 전달하려면 어떻게 연습해야 할지 고민이었습니다. 거울 앞에서 발표해 보기도 하고, 핸드폰으로 영상을 찍어서 평가도 했지만, 현장감이 부족했어요. 발표 장소처럼 사람들의 시선과 긴장감을 느끼는 환경이 필요했죠.

그때 떠오른 아이디어는 당시 대학교에서 수강 중이던 〈논리와 비판적 사고〉 수업이었습니다. 이 수업에는 70명 이상의 학생들이 있었고, 강의실도 대회 장소와 비슷한 형태였죠. 저는 교수님께 발표 연습을 부탁드리기로 결심했습니다. 솔직히 엄청나게 떨렸습니다. 교수님께 민폐일 수도 있다는 생각에 머뭇거리기도 했지만, 용기를 냈죠. 수업이 끝나고 교수님께 다가가 조심스럽게 말했습니다.

"교수님, 잠시 시간 괜찮으실까요? 제가 발표 대회를 준비 중인데, 강당처럼 큰 무대에서 연습해 보고 싶습니다. 만약 가능하시다면, 수업 시간 중 5분만 저에게 할애해 주실 수 있을까요? 제 발표가 논리적인지 아닌지 비판적인 피드백도 받고 싶습니다."

교수님은 제 진지한 태도를 보고 흔쾌히 허락해 주셨습니다. 그 순간 기쁘면서도 떨렸습니다. 70명 넘는 학생들 앞에서 발표를 해야 하니까요.

발표 당일, 강의실에 들어서자 심장이 쿵쾅거렸습니다. 모두의 시선이 나에게 집중될 생각에 압박감이 느껴졌죠. 하지만 준비한 대로 발표를 시작했습니다. 처음 몇 초는 손에 땀이 날 정도로 긴장이었지만, 점차 준비한 내용이 몸에 배어 나오더군요. 발표를 마치자 강의실에 박수가 울려 퍼졌습니다. 교수님과 몇몇 학생들이 제 발표에 대해 구체적인 피드백을 주었습니다.

"전체적으로 논리적이긴 한데, 첫 문장이 조금 더 강렬하면 좋을 것 같아요."

"발표 속도는 적절했지만, 마지막 문장에서 약간 더 힘을 주면 더 임팩트 있을 것 같습니다."

이런 피드백은 제가 혼자 준비할 때는 전혀 알 수 없었던 부분이었어요. 그 덕분에 부족한 점을 보완할 수 있었습니다.

그 후, 저는 매일 이 강의실에서 연습한 기억을 떠올리며 대회 준비를 했습니다. 대회 당일, 무대에 서자 심장이 터질 듯 뛰었고, 경쟁자들의 날카로운 시선이 부담감을 더했죠. 하지만 강의실에서 쌓은 경험 덕분에 준비한 대로 발표를 마쳤습니다. 결과는 금상! 제안한 정책이 실제로 시행되기도 했습니다.

그 대회에서 배운 것은 발표 기술만이 아니었습니다. 현장감을 살린 연습이 얼마나 중요한지, 그리고 철저한 준비와 용기가 발표를 완성하는 데 얼마나 큰 힘이 되는지 깨달았습니다.

—

연습량이
결과를 좌우한다

강의나 코칭에서 발표 연습에 대해 이야기할 때, "20분짜리 발표를 위해 최소 열 번은 연습합니다."라고 말하면, 대체 그 많은 시간을 어떻게 쓰냐고 물어보는 분들이 많습니다.

사실 이 열 번의 연습은 단순한 리허설일 뿐입니다. 준비 과정 전체로 보면, 발표를 위해 쓰이는 시간은 더 많습니다. 발표 요구사항을 분석하고, 전략을 세우고, 자료를 준비하고, 대본을 쓰고, 팀원과 리뷰를 거치는 모든 과정까지 포함하면, 짧은 발표라도 대략 50시간이 넘는 노력이 들어갑니다. 그럼에도 불구하고 이 모든 과정은 '성공적인 발표'라는 결과를 얻기 위한 필수적인 단계입니다.

발표 위치까지 생각하라

제가 '열 번의 연습'이라고 말할 때, 이건 단순히 대본을 읽는 연습이 아닙니다. 발표 현장을 시뮬레이션하는 완벽한 리허설이죠. 이를 통해 제스처, 발음, 시선 처리 등 발표의 모든 디테일을 조정합니다. 가장 중요하게 여기는 것 중 하나는 바로 발표 위치입니다.

"저는 다섯 번은 화면의 오른쪽에서, 다섯 번은 화면의 왼쪽에서 연습합니다."

어떤 분들은 "왜 굳이 그렇게까지?"라고 묻곤 합니다. 이유는 간단합니다. 발표하는 위치가 발표의 성공에 큰 영향을 미치기 때문입니다. 발표장의 구조와 청중의 자리 배치에 따라 달라질 수 있거든요. 그리고 발표장을 사전에 방문할 수 없는 경우가 대부분이기 때문에, 발표 위치까지 완벽히 연습해 두는 것이 필요합니다.

처음 발표를 준비할 때를 떠올려 보면, 이런 디테일까지 신경 쓰지 못했던 것 같아요. 그때는 발표 자료만 잘 만들어 놓으면 끝이라고 생각했거든요. 한 번은 아주 중요한 발표에서 예상치 못한 문제를 겪은 적이 있습니다. 발표장에 도착했는데, 제가 서야 할 위치가 생각했던 것과 완전히 반대였습니다. 화면의 왼쪽에서 발표해야 했는데, 저는 오른쪽에서만 연습했었거든요. 그 결과 몸이 어색하게 꼬이고, 시선 처리도 부자연스러웠죠. 그날의 경험이 발표 연습에 있어 위치의 중요성을 절실히 깨닫게 해 주었습니다.

지금은 항상 두 방향 모두 발표를 연습합니다. 예를 들어, 화면의 오른쪽에서 발표할 때는 왼손으로 프리젠터를 잡고, 오른손으로 강조 제스처를 합니다. 반대로 화면의 왼쪽에서 발표할 때는 오른손으로 프리젠터를 잡고, 왼손으로 제스처를 하죠. 이렇게 양쪽에서 모두 연습하면 어떤 상황에서도 자연스럽게 발표할 수 있게 됩니다.

특히, 발표 위치를 고려하지 않았을 때 가장 당황스러운 순간은 프리젠터 조작에 실수가 발생할 때입니다. 한 번은 프리젠터의 버튼을 잘못 눌러 슬라이드가 엉뚱한 곳으로 넘어간 적이 있었습니다. 당황한 표정을 감출 수 없었고, 발표의 흐름도 끊어졌습니다. 그 이후로는 프리젠터를 오른손과 왼손 모두 철저히 익히고, 발표할 장비와 같은 모델로 연습하는 습관을 들였습니다.

마이크는 어느 손으로 잡을까?

또 하나 중요한 것은 마이크 사용입니다. 핸드 마이크를 사용할 경우, 한 손에는 프리젠터를 들고, 다른 손에는 마이크를 들어야 합니다. 이때 마이크를 잘못 다루면 음성이 울리거나 작게 들릴 수 있습니다. 그래서 어떤 손에 마이크를 들고, 어떤 손으로 제스처를 할지까지 구체적으로 연습합니다.

제가 추천하는 방식은 다음과 같습니다.

1. **화면의 오른쪽에서 발표하고 프리젠터만 있을 때:** 왼손은 프리젠터, 오른손은 제스처
2. **화면의 왼쪽에서 발표하고 프리젠터만 있을 때:** 오른손은 프리젠터, 왼손은 제스처
3. **화면의 오른쪽에서 발표하고 프리젠터와 마이크가 있을 때:** 왼손은 마이크 고정, 오른손은 프리젠터와 제스처
4. **화면의 왼쪽에서 발표하고 프리젠터와 마이크가 있을 때:** 오른손은 마이크 고정, 왼손은 프리젠터와 제스처

마이크를 잡은 손은 입과의 거리를 일정하게 유지해야 하기 때문에, 팔을 몸에 고정하는 연습도 중요합니다. 이런 작은 디테일 하나하나가 발표의 성공을 좌우합니다.

사실 이렇게 연습하는 과정은 쉽지 않습니다. 하루 종일 같은 내용을 반복하다 보면 지치고, '이렇게까지 해야 하나?'라는 생각이 들 때도 있죠. 하지만 발표 당일 무대에 섰을 때, 제가 연습했던 그 순간들을 떠올립니다. '내가 이 상황을 얼마나 많이 연습했는데,'라는 자신감이 생기면서 긴장이

사라지고, 발표에 온전히 집중할 수 있게 됩니다.

한 번은 대형 금융권 고객사를 위한 제안 발표에서 이런 철저한 준비가 큰 성공을 가져다준 적이 있습니다. 예상보다 발표장이 협소했고, 고객들이 화면의 왼쪽에 몰려 앉아 있었죠. 다행히도 저는 오른쪽에서 발표하는 연습을 충분히 해 두었기에 자연스럽게 청중과 시선을 교환하며 발표를 이어갈 수 있었습니다. 그 발표는 회사에 큰 계약을 가져다주었고, 그날 이후로 제 발표 연습 방식에 대한 확신을 갖게 되었습니다.

발표는 단순히 내용을 전달하는 것이 아닙니다. 청중과의 소통이며, 스토리를 전달하는 예술입니다. 그리고 예술이 완성되기 위해서는 수많은 연습과 준비가 필요합니다. 여러분도 발표를 준비할 때, 작은 디테일까지 놓치지 말고 철저히 연습해 보세요. 처음에는 시간이 많이 들고 힘들겠지만, 그 경험이 쌓이면 어떤 상황에서도 당황하지 않고 자신감 있게 발표할 수 있는 내공이 생길 것입니다. 그리고 그 내공은 여러분의 발표를 한 단계 더 높여줄 것이고, 연습 시간은 점차 줄어들게 될 것입니다.

"성공의 비밀은 자신감이며, 자신감의 비밀은 엄청난 준비다."

성악가 조수미

—

자기 객관화,
거울 치료

거울 치료라는 말 들어보셨나요? 일반적으로는 신체 재활 치료에서 쓰이는 기법이지만, 저는 발표를 연습할 때도 이와 비슷한 원리가 적용된다고 생각합니다. 자신을 직접 보고 객관적으로 평가하는 것이죠. 바로 거울처럼요. 그런데 거울 대신, 우리는 스마트폰을 사용할 수 있습니다.

「한석준의 말하기 수업」 책에도 이와 비슷한 내용이 등장합니다. 성공적인 발표를 위한 세 가지 비법 중 첫 번째로 바로 '휴대폰'이 나옵니다. 자신의 발표를 녹화하거나 녹음해서 스스로를 모니터링하라는 이야기죠. 실제로 저에게도 발표 실력을 크게 향상시킨 가장 효과적인 방법 중 하나였습니다. 우리 머릿속에 그려지는 이상적인 발표 모습과 실제로 촬영된 자신의 모습이 얼마나 다른지, 처음 보면 놀라실 겁니다.

어느 날, 제가 콘텐츠 크리에이터로 활동하면서 촬영한 영상을 편집하던 중이었어요. 한 발표 장면이 나왔는데, 제 표정이 너무 어두워 보이는 겁니다. '내가 이런 표정으로 얘기했단 말이야?' 싶어서 부끄러웠죠. 이후로는 발표할 때마다 휴대폰을 삼각대에 세워놓고 제 모습을 꼼꼼히 녹화했습니다.

영상을 편집하면서 같은 장면을 열 번도 넘게 반복해서 보게 되니, 저도 모르게 눈에 띄는 것들이 있더라고요. 예를 들어, 제가 발표를 하면서 무의식적으로 손을 계속 움직인다거나, "어…", "음…" 같은 군더더기 말을 습관처럼 내뱉는 모습이었습니다. 이런 것은 한 번에 자각하기는 어렵습니다. 하지만 녹화된 영상을 반복해서 보다보면 알 수 있습니다.

촬영한 영상을 모니터링하면서 큰 깨달음을 얻은 순간이 또 있습니다. 어느 날 발표 도중, 무대 한가운데서 15분 동안 꼼짝도 하지 않고 서 있는 제 모습을 발견한 겁니다. 마치 땅에 뿌리를 내린 나무처럼요. 청중 입장에서는 제가 얼마나 경직돼 보였을지 상상만 해도 아찔했습니다. 이후로는 발표 중 적절히 움직이며 청중과 소통하려고 의식적으로 노력했습니다.

많은 분들이 자신의 모습을 녹화해서 보는 것을 두려워합니다. 코칭을 받으시는 분들도 처음에는 "부끄러워서 못 보겠어요!"라고 하시는 경우가 많습니다. 그런데 제가 대신 영상을 찍어서 보여드리면, 그제야 "내가 이렇게 보였다고요?"라며 놀라시는 경우가 대부분입니다.

예전에 같은 부서 동료 L 님의 발표를 도와드린 적이 있었습니다. L 님은 기본적인 발표 태도와 전달력이 매우 훌륭한 분이었죠. 그렇지만 발표 중 발이 전혀 움직이지 않아 경직돼 보이는 것이 조금 아쉬웠습니다. 과거의 제 모습이 떠오르기도 했죠.

"L 님, 발이 땅에 뿌리를 내린 것 같아요."

L 님이 웃으며 대답했습니다.

"에이~ 그럴 리가요. 제가 나무도 아니고요."

그래서 녹화 영상을 함께 봤습니다. 영상을 본 L 님은 깜짝 놀라며 고개를 떨구었죠.

"맙소사. 어쩐지 다리가 아프더라고요."

저는 그 자리에서 몇 가지 간단한 방법을 알려주었습니다. "발표 중에는 필요할 때 살짝 움직이셔도 괜찮아요. 오히려 자연스럽고 여유로운 모습으로 보일 수 있습니다." 라고요. 이후 L 님은 발표 때 발을 적절히 움직이면서 훨씬 편안하고 자신감 있는 발표를 하였습니다.

녹화해서 보는 작업이 처음에는 어색할 수 있습니다. 나 자신을 객관적으로 바라본다는 것은 쉽지 않으니까요. 하지만, 이 과정을 통해 빠르게 자신의 부족한 부분을 자각하고 개선할 수 있습니다.

특히 저는 콘텐츠를 편집할 때는 촬영한 영상을 최소 열 번 이상 반복해서 봅니다. 그 과정에서 부족한 점을 하나씩 찾아내며 개선하려고 합니다. 표정이 어두웠던 장면을 보면, 다음 발표 때는 '밝은 표정을 유지해야지'라고 다짐하고, 실제로 발표 중에도 그 점을 떠올리며 즉각적으로 수정합니다. 이렇게 하다 보니 지금은 발표 도중에도 제 모습이 어떻게 보일지 직관적으로 알 수 있을 정도가 됐습니다.

스마트폰 한 대로 시작하기

발표를 잘하고 싶으신가요? 거창한 장비나 전문 스튜디오가 필요 없습니다. 스마트폰 하나면 충분합니다. 자신의 모습을 녹화하고, 반복해서 보세요. 처음에는 부끄럽고 어색할 수 있지만, 점차 자신의 변화와 발전을 느끼게 될 것입니다.

거울 치료처럼 스마트폰을 활용한 자기 모니터링은 발표 실력을 향상시키는 가장 강력한 도구입니다. 자신을 직접 보고, 부족한 점을 찾아내고, 이를 개선하는 과정을 통해 누구나 훌륭한 발표자가 될 수 있습니다. 스마트폰 거치대를 세우고 녹화 버튼을 눌러보세요. 그 순간, 당신의 발표 실력은 새로운 도약을 준비하게 될 것입니다.

내 눈보다 더 정확한 제3자의 눈

발표하는 자신의 모습을 촬영해 보거나 거울을 통해 발표를 점검하는 셀프 리허설은 발표 스킬을 놀라울 정도로 향상시킵니다. 또한, 자신의 모습과 말을 확인하고 부족한 점을 보완하며, 연습할수록 자신감이 차오르는 경험을 할 수 있죠. '이 정도면 완벽해!'라는 생각이 들 때도 있을 겁니다. 하지만 한 가지 꼭 기억해야 할 것이 있습니다. 발표의 목적은 내 만족이 아니라 청중에게 내용을 제대로 전달하는 것이라는 사실입니다. 이 목적을 달성하려면 제3자의 객관적인 눈이 필요합니다.

용기를 내어 보여주기

자신의 발표를 누군가에게 보여주는 건 생각보다 쉽지 않습니다. 처음 동료들 앞에서 리허설을 하던 날이 생각납니다.

"자, 상명 님 차례입니다. 준비되셨죠?"

동료들의 기대 섞인 눈빛 속에서 발표 자리에 섰을 때, 손바닥은 땀으로 축축해지고 목은 뻣뻣해지는 기분이 들었습니다. 그때 제 머릿속에는 이런 생각이 가득했죠.

'내가 실수라도 하면 어쩌지? 너무 부족해 보이면 어떡하지?'

이런 불안감 때문에 실전보다 동료 앞에서 리허설이 더 어렵게 느껴졌습니다. 하지만, 그런 불편함을 극복하고 리허설을 해낸다는 것은 이미 큰 진전을 의미합니다. 그리고 동료들에게 피드백을 요청하는 순간부터는 그들의 솔직한 조언을 들을 준비가 되어야 합니다.

한 번은 발표 연습을 하다가 동료가 이렇게 말했습니다.

"상명 님, 전체적으로 너무 좋았는데요, 중간에 약간 말이 빨라지는 부분이 있었어요. 듣는 입장에서 내용을 따라가기 힘들었어요."

솔직히 처음에는 기분이 조금 상했지만, 차분히 생각해 보니 그 피드백이 없었다면 같은 실수를 반복했을지도 모른다는 걸 깨달았습니다.

피드백을 인정하고 수용하기

피드백을 인정하는 건 더 큰 도약을 위한 발판입니다. 모든 조언을 다 받아들일 필요는 없지만, 여러 사람에게 반복적으로 같은 피드백을 받는다면 그건 반드시 주목해야 할 부분입니다.

신입사원 시절 동료들과 발표 연습을 하던 때의 일입니다. 한 동료가 조심스럽게 이렇게 말했습니다.

"상명 님, 전달력도 좋고 내용도 훌륭한데, 표정이 조금 굳어 있는 것 같아요."

처음엔 '내가 얼마나 집중해서 연습했는데 굳어 보인다고?' 라는 생각이 들었죠. 하지만 시간이 지나면서 다른 동료들에게도 비슷한 지적을 반복해서 받게 되었고, 결국 그 문제를 인정하지 않을 수 없었습니다.

그날 이후 거울 앞에서 표정을 점검하기 시작했습니다. 거울을 보며 다양한 표정을 연습하고, 촬영한 영상을 다시 보면서 어떤 순간에 표정이 더 자연스럽고 설득력 있는지 파악했습니다. 이와 같은 연습이 쌓이니 지금은 발표 내용에 맞는 표정을 자유롭게 연출할 수 있는 능력이 생겼습니다.

다른 사람의 발표 관찰하기

발표 실력을 키우는 또 하나의 좋은 방법은 다른 사람의 발표를 관찰하는 것입니다. 한 번은 내부 발표 리허설에서 발표를 듣는 역할을 맡았습니다. 발표를 지켜보면서 청중의 입장에서 어떤 부분이 이해가 잘 되고 어떤 부분이 혼란스러웠는지 꼼꼼히 적어봤습니다.

"여기서 조금 더 예시를 들어주시면 이해가 쉬울 것 같아요."

"이 부분에서는 목소리 톤이 조금 더 강해졌다면 주제가 더 강렬하게 전달됐을 것 같아요."

이렇게 구체적인 피드백을 주고받다 보면 발표자가 놓칠 수 있는 부분을 명확히 알게 됩니다. 그리고 평가자의 입장에서 느낀 점들은 곧 나의 발표에도 그대로 적용할 수 있는 귀중한 배움이 됩니다.

평소에도 발표 잘하는 사람들을 관찰하고 배우는 습관을 들이면 큰 도움이 됩니다. 저는 종종 TV 프로그램이나 강연 영상을 보면서 발표자의 스킬을 분석합니다. 예를 들어, 그것이 알고 싶다를 진행하는 김상중 배우의 발표 방식은 늘 제게 인상적이었습니다. 그의 진중한 목소리, 적절한 제스처, 그리고 중요한 부분을 강조하는 말투까지 모두가 배울 점이었죠.

드라마나 영화 속에서도 배울 점이 많습니다. 상대방의 시선을 끌기 위한 대사 처리나 분위기를 압도하는 제스처 등도 발표에 활용할 수 있는 힌트를 줍니다. 그때마다 머릿속으로 "이건 내 발표에 이렇게 적용하면 좋겠다"는 생각을 하며 메모를 남기곤 합니다.

발표 연습은 자신감과 피드백의 균형을 맞추는 과정입니다. 스스로를 점검하며 자신감을 키우는 것도 중요하지만, 제3자의 객관적인 피드백을 통해 더 넓은 관점에서 자신의 발표를 바라볼 필요가 있습니다. 또한, 청중의 입장에서 발표를 바라보고 배우는 태도는 발표 실력을 한 단계 끌어올리는 데 큰 도움이 됩니다.

결국 발표란 청중과 소통하는 예술입니다. 혼자만의 연습으로 완벽함을 추구하기보다, 주변의 도움을 받아 자신을 객관적으로 바라보고 개선해 나간다면 누구보다 설득력 있는 발표자가 될 수 있습니다. 다음 발표를 앞둔 당신에게, 오늘부터 이 방법들을 하나씩 시도해 보는 것을 추천합니다. 분명 발표가 즐겁고 기대되는 순간이 올 것입니다.

시공간을 초월한 연습이 있다

앞서 셀프 리허설과 동료 리허설의 중요성과 효과적인 연습 방법들에 대해 이야기했습니다. 이런 리허설은 발표 실력을 키우는 데 가장 직접적이고 큰 도움이 되는 방법입니다. 하지만 현실적으로 생각해 보면, 리허설을 위해서는 시간과 공간이 필요하고 발표자의 에너지가 많이 소모됩니다. 그렇다면 시공간에 구애받지 않고 에너지 소모도 적으면서 효과는 비슷한 연습 방법은 없을까요? 있습니다!

바로 '이미지 트레이닝'입니다.

이미지 트레이닝은 단순히 머릿속으로 발표를 상상하는 것을 넘어, 발표의 전 과정을 시각적으로 구체화하여 연습하는 기법입니다. 이는 발표 준비 과정에서 필수적으로 활용해야 하는 중요한 도구이며, 발표의 성공 여부를 크게 좌우할 수 있습니다.

이미지 트레이닝, 즉 심상 훈련은 이미 스포츠 분야에서 그 효과가 입증되었으며, 운동선수들은 직접 훈련하는 것뿐만 아니라 마음속으로 실제 운동과 다름없는 구체적이고 체계적인 과정을 생생하게 떠올리는 심상 훈련을 병행합니다.

발표 역시 이러한 심상 훈련을 활용하면, 실제 발표 상황에서도 차분하고 자신감 있게 진행할 수 있습니다.

이미지 트레이닝 효과

이미지 트레이닝은 발표자의 심리적 준비와 기술적 숙련도를 크게 높여줍니다. 구체적으로 어떤 효과가 있는지 살펴볼까요?

긴장 완화

이미지 트레이닝은 발표에 대한 불안을 줄이는 데 큰 도움을 줍니다. 머릿속으로 발표 과정을 여러 번 반복하다 보면, 실제 발표 순간에도 익숙함이 느껴지기 때문입니다. 낯선 공간에서 발표해야 할 때도, 그 공간을 이미 여러 번 상상해 본 듯한 느낌을 받게 됩니다. 심지어 수많은 시선이 쏟아져도 당황하지 않고, 마치 리허설의 연장선처럼 편안하게 느낄 수 있습니다.

자신감 향상

이미지 트레이닝을 통해 발표 내용을 여러 번 머릿속에서 되새기면 발표 과정에 대한 자신감이 자연스럽게 생깁니다. 머릿속에서 내용이 명확하게 정리되고, 연습을 통해 이미지를 따라 말하는 것이 익숙해지기 때문에 실제로 발표 시 망설임 없이 말을 이어갈 수 있습니다.

발표 내용 구조화

발표 내용이 체계적으로 정리되고, 각 부분의 흐름이 명확하게 연결되면서 청중에게 전달력이 더 강해집니다. 이미지 트레이닝은 발표 내용을 시각적으로 정리하고, 논리적인 구조를 다듬는 데도 큰 도움을 줍니다.

이미지 트레이닝 방법

그렇다면 이미지를 활용한 훈련을 어떻게 해야 효과를 극대화할 수 있을까요? 단계별로 알아보겠습니다.

상황 설정하기

먼저 발표를 진행할 상황을 최대한 상세히 설정해 보세요. 예를 들어, 발표 장소가 서울역 근처의 10층 회의실이라면, 그곳에 도착하기 전까지의 과정도 상상해 보는 것입니다. 신용산역에서 출발해 지하철을 타고, 계단을 올라가고, 10층 엘리베이터를 타는 순간까지 말이죠.

발표 장소에 도착하면 어떤 느낌일까요? 주변 소음, 조명, 청중의 표정까지 하나하나 떠올려 보세요. 마치 영화를 찍는 감독처럼 모든 요소를 구체적으로 그려보는 것이 중요합니다.

시뮬레이션하기

본격적으로 상상 속에서 발표를 시작합니다. "안녕하십니까, 오늘 발표를 맡게 된 윤상명입니다"라고 첫 문장을 말하는 모습, 청중이 고개를 끄덕이는 장면, 질문을 듣고 답변하는 상황까지 모두 구체적으로 떠올려 보세요. 실전에서 일어날 수 있는 돌발 상황을 미리 시뮬레이션하면 당황하지 않고 대처할 수 있습니다.

반복하기

이미지 트레이닝에서 가장 중요한 것은 반복입니다. 매일 조금씩 상상하는 시간을 가져보세요. 샤워할 때, 버스나 지하철을 탈 때, 심지어 잠들기 전에도 틈틈이 연습할 수 있습니다. 이러한 과정에서 번뜩이는 아이디어가 떠오르기도 하죠. 이처럼 반복 훈련은 발표 내용을 더욱 완성도 높게 다듬고, 실전에서도 자연스러운 흐름을 만들 수 있습니다.

이미지 트레이닝은 특별한 장비나 시간, 장소가 필요하지 않습니다. 상상력을 발휘해 발표 상황을 머릿속에 그려보세요. 그리고 그 속에서 자신감 넘치고 여유로운 자신의 모습을 자주 떠올려 보세요. 발표 전날 밤이나 출근길 지하철에서 스스로에게 말해보세요.

"나는 준비되어 있다. 내 발표는 성공적일 것이다."

그 믿음과 반복된 연습이 당신의 발표를 완벽하게 만들어 줄 것입니다.

—

무조건 성공하는 발표 대본 공식

대학생을 대상으로 발표 잘하는 방법에 대해 재능 기부 특강을 한 적이 있습니다. 강연이 끝난 후, 가장 많이 받은 질문은 바로 이것이었습니다.

"발표 대본을 쓰시나요?"
"대본을 외워서 발표하시나요?"

사실 이 질문은 다양한 발표 상황에서 정말 많은 분들이 물어보시는 질문입니다. 이런 질문을 받을 때면 항상 제가 발표를 배워온 과정을 이야기하며 답을 드리곤 합니다. 발표 대본을 대하는 방법에는 단계가 있습니다. 경험과 실력에 따라 자연스럽게 발전하는 방식인데요, 저의 성장 과정을 통해 대본 작성과 활용 방법을 단계별로 설명하겠습니다.

1단계: 발표 초급(1~2년 차)

처음 발표를 시작했을 때는 정말 대본에 의존적이었습니다. 발표 준비가 불안하고 자신감이 부족했기 때문에, 발표 전에는 완벽한 대본을 만들어 두고 거의 외우다시피 했습니다.

꼭 수주해야 하는 공공기관 입찰 제안 발표가 있던 날, 저는 발표 자료와 함께 빼곡히 적은 대본을 들고 회의실로 들어갔습니다. 발표 시작 전까지 몇 번이고 대본을 읽어보며 준비했죠. 발표 도중에도 머릿속에는 대본 내용이 떠다니고 있었습니다. 그런데 긴장한 나머지 갑자기 외운 내용이 생각나지 않아 버벅이게 된 겁니다. 그 순간, 방 안에 흐르던 어색한 공기는 정말 잊을 수가 없는데요. '다음엔 더 잘해야지' 하고 다짐하며 대본을 쓰고, 외우고, 수정하고, 다시 연습하는 과정을 반복했습니다.

이처럼 대본을 암기하는 것은 임기응변에 한계가 있습니다. 그럼에도 불구하고, 발표 경험이 많지 않고 자신감이 부족하다면 이 방법을 추천드립니다. 처음에는 대본이라는 안전한 길을 만들어놓고 그 길을 따라가는 안정감이 필요합니다. 물론 시간이 오래 걸리고, 자연스럽지 않을 수도 있지만, 이 단계에서는 대본을 철저히 준비하는 것이 발표 실력을 키우는데 큰 도움이 됩니다.

2단계: 발표 중급 (3~4년 차)

몇 년간 발표 경험을 쌓으면서 대본에 의존하지 않는 방법을 익히기 시작했습니다. 대본을 외우는 발표는 자연스럽지 않고, 때로는 청중에게 책을 읽는 듯한 느낌을 주게 되더라고요. 그래서 이 단계에서는 대본을 작성하되, 다시 보지 않았습니다.

제 발표 준비 과정은 이렇게 달라졌습니다. 대본을 작성하는 과정을 내용을 정리하는 데 활용했습니다. 각 슬라이드마다 중요한 키워드를 간단히 정리하고, 발표 연습을 할 때는 대본을 보지 않고 머릿속에서 내용을 이어가는 연습을 했습니다. 예를 들어, 발표 제한 시간이 20분이라면 그 시간 안에 대본 없이 발표를 진행하는 연습을 한 거죠. 머릿속에서 자연스럽게 연결되지 않는 부분이 있다면 그 부분을 메모해 두고 다시 연습하는 방식이었죠.

이 과정을 통해 자연스럽게 말하는 법을 익히고, 예기치 않은 상황에서도 임기응변으로 대응할 수 있는 자신감을 얻었죠. 발표뿐만 아니라 회의, 보고, 질의응답 등 다양한 상황에서도 유용한 능력이 되었습니다.

3단계: 발표 고급 (5년 차 이상)

발표 경험이 많아지고 내공이 쌓이면서 지금은 대본을 따로 쓰지 않습니다. 발표 전체를 머릿속에서 그려볼 수 있는 시야가 생겼기 때문입니다. 예를 들어, 발표를 시작하는 인사말이나 목차를 소개하는 방식 등 자주 사용하는 표현들은 자연스럽게 몸에 익게 되었죠.

지금의 발표 준비는 주로 슬라이드의 핵심 내용을 파악하고, 슬라이드 간의 연결을 고민하는 데 초점을 둡니다. 이렇게 하면 발표 준비 시간이 훨씬 단축되고, 더 자연스럽고 매끄러운 발표를 할 수 있습니다. 발표 내용 전달뿐만 아니라, 완급 조절과 강약 조절을 통해 청중과 진정으로 소통하는 발표가 가능해집니다. 이 단계에서는 대본에서 벗어나져야 비로소 청중과의 쌍방향 소통을 끌어낼 수 있습니다.

발표를 특기로 만들고 싶다면 이 3단계를 목표로 삼아보세요. 누구나 2단계까지는 도달할 수 있습니다. 이 과정만으로도 발표 실력이 크게 향상될 것입니다.

대본 의존도를 낮춰야 하는 이유

1단계 초급에서는 발표의 흐름을 하나의 정해진 경로로 만듭니다. 문제는 그 경로에서 조금이라도 벗어나면 당황하게 되고, 다른 길을 찾기가 쉽지 않다는 점입니다. 말 그대로 외운 대로만 가야 하기 때문이죠.

하지만 2단계 중급에서는 대본 없이 말해보는 연습을 통해 유연함을 기르게 됩니다. 예를 들어, 대본 없이 다섯 번 발표 연습을 해보면, 매번 똑같은 말이 아니라 조금씩 다른 표현들이 나오게 됩니다. 이것이 바로 나만의 '표현력 주머니'를 키우는 과정입니다.

발표 중간에 말이 막히더라도, 연습할 때 사용했던 다양한 표현 중 하나를 꺼내 이어갈 수 있는 힘이 생깁니다. 즉, 하나의 길만 아는 것이 아니라 여러 갈래의 길을 익혀두는 것이죠. 어느 길이 막혀도 다른 길로 금방 우회할 수 있게 됩니다. 이러한 훈련이 반복되면 자연스럽게 3단계 고급 수준으로 도약할 수 있습니다.

결국, 대본 없이도 자연스럽게 말할 수 있는 힘은, 다양한 길을 만들어 두는 연습에서 나옵니다. 2단계 중급은 그 길들을 하나씩 넓혀가는 아주 중요한 과정입니다.

대본 잘 쓰는 방법

그렇다면 대본을 쓸 때 어떤 점에 유의해야 할까요? 여기서는 제가 활용해 온 두 가지 중요한 방법을 소개합니다.

기본: 대본 분량 조절

3년 전, 발표를 앞두고 아나운서 코칭을 받았던 적이 있습니다. 그때 배운 방법은 지금도 대본을 쓸 경우 활용하고 있습니다. 간단하지만 정말 유용한 꿀팁이에요.

방법은 이렇습니다. 마이크로소프트 워드에서 대본을 작성하면, 하단에 [단어 수]가 표시됩니다. 여기서 1분당 100단어를 기준으로 대본을 작성하면 발표 시간이 딱 맞습니다. 예를 들어, 20분 발표라면 2,000단어, 10분 발표라면 1,000단어 정도를 목표로 작성하세요.

이 방법을 인스타그램에 공유했더니, "진짜 꿀팁입니다 ㅋㅋ 맨날 적고 예행연습 해보고 수정하거나 줾거나 했는데!", "이야 이건 진짜 꿀팁인데용 항상 써보고 읽으면서 시간 초 재보곤 했는데" 라고 수많은 댓글이 달리고 조회수가 250만이 넘었습니다.

영어 발표에도 똑같이 적용할 수 있고, 분당 100~120단어 정도가 적절한 대본 분량입니다.

심화: 자연스러운 대본

적절한 분량의 대본을 작성했다면, 이제는 대본을 자연스럽게 만드는 작업이 필요합니다. 보통 대본을 쓰다 보면 슬라이드가 바뀔 때마다 문장이 끊기는 경우가 많습니다.

예를 들어,

1슬라이드: "발표 시작하겠습니다."

2슬라이드: "다음은 목차입니다."

이런 방식은 발표 흐름을 자연스럽게 유지하기 어렵습니다. 대신 문장을 이어서 작성해 보세요.

예를 들어,

1슬라이드: "그럼 지금부터 발표를 시작할~"

2슬라이드: "~텐데요. 이와 같은 순서로 진행하겠~"

3슬라이드: "~습니다."

이렇게 하면 청중이 슬라이드 전환을 거의 느끼지 못하고, 발표자의 말에 계속 집중하게 됩니다. 흐름을 유지하는 발표는 청중을 몰입시키고, 발표자에게 더 큰 신뢰감을 줍니다.

가장 훌륭한 발표는 대본과 파워포인트 없이도 청중을 몰입시킬 수 있는 발표입니다. 대본과 발표 자료는 보조 도구일 뿐, 진정한 발표는 발표자의 언어로 청중과 교감하며 진행됩니다. 발표 대본 작성을 시작으로, 점차 자유로워지는 과정을 통해 여러분도 발표 고수가 될 수 있습니다.

: 발표 연습 공식 요약 정리 :

발표 연습량 공식

발표 연습 횟수 × 10 = 긴장감 ÷ 10

셀프 리허설 + 동료 리허설 = 자신감 × 3

이미지 트레이닝의 효과

시공간 제약 = 0, 비용 = 0, 횟수 = ∞

발표 대본 의존도

1단계 : 대본 작성 × 3 → 암기 × 3

2단계 : 대본 작성 × 1 → 암기 × 0

3단계 : 대본 = 0

발표 대본 공식

100단어 = 1분

2,000단어 = 20분

03

CHAPTER

발표 실전 공식

—

긴장감 극복 전략 3가지

고등학교 전교 회장에 출마하는 K의 선거 연설을 코칭해 준이 있습니다. K는 키가 훤칠하고 인상도 너무 좋아서 첫인상만으로도 '저 사람, 믿을 수 있겠다'라는 생각이 절로 들게 하는 친구였죠. 무엇보다 연설 원고를 보고 감탄했어요. 그의 경험이 녹아 있는 스토리텔링 덕분에 충분히 공감할 만한 내용으로 잘 구성되어 있었습니다. 하지만 그가 가진 가장 큰 고민은 바로 긴장이었습니다.

"제가 연습할 땐 괜찮은데, 무대에만 올라가면 목소리가 떨리고 몸이 경직돼요."

그의 말을 들으니, 이유는 알 것 같았습니다. 연설이라는 것이 단순히 원고를 읽는 게 아니라, 자신감을 담아 다른 사람들에게 메시지를 전달하는 거잖아요. 그런데 긴장하면 그 메시지보다 떨림과 경직된 모습이 더 먼저 보이기 마련이죠. 그래서 저는 그에게 먼저 물어봤습니다.

"네가 긴장하는 걸 학생들이 보면, 그다음엔 무슨 일이 벌어질 것 같아?"

그는 한참 고민하더니 말했어요.

"저를 믿지 못할 것 같아요. 제가 불안해 보이면, 제 말도 별로 설득력 있게 들리지 않을 것 같아요."

정확했어요. 긴장이 겉으로 드러나는 것은 발표나 연설에서 치명적일 수 있습니다. 그래서 저는 K에게 이렇게 말했습니다.

"좋아, 우리가 해야 할 목표는 무대에서 긴장한 모습을 없애는 거야. 그다음엔 실제로 긴장을 줄이는 거고. 방법은 있어."

그에게 알려준 세 가지 긴장 완화법 중 첫 번째는 바로 '파워포즈'였습니다.

파워포즈

파워포즈라는 단어를 처음 들으면 조금 생소할 수 있어요. 하지만 쉽게 생각하면 됩니다. 자신감이 넘치는 사람의 자세를 따라 하는 거예요. 몸과 마음은 서로 연결되어 있어서, 우리가 어떤 자세를 취하느냐에 따라 심리적인 변화가 생긴다는 사실, 알고 계셨나요?

예를 들어, 어깨를 움츠리고 고개를 푹 숙인 상태로 누군가를 만난다고 상상해 보세요. 이 모습으로는 상대방에게도, 스스로에게도 자신감 있어 보이지 않을 겁니다. 반대로 가슴을 펴고, 고개를 들고, 당당하게 서 있는 모습을 떠올려 보세요. 어떤가요? 자신감이 솟아오를 것 같지 않나요?

하버드 비즈니스 스쿨의 사회심리학자 에이미 커디Amy Cuddy는 이 효과를 연구한 바 있습니다. 에이미의 연구에 따르면, 파워포즈를 취한 사람들은 자신감을 주는 호르몬인 테스토스테론 수치가 올라가고, 스트레스 호르몬인 코티솔 수치가 줄어든다고 해요. 단 2분의 자세 변화만으로도 우리의 뇌와 몸은 더 강하고 자신감 있는 상태로 변할 수 있다는 겁니다.

인지심리학자 김경일 교수님도 비슷한 실험을 소개한 바 있습니다. 자신감 넘치는 자세와 그렇지 않은 자세를 2분간 유지했을 때, 도박 실험에서 모험적인 성향이 크게 달라졌다고 합니다. 자신감 넘치는 자세를 취한 그룹은 더 과감하고 긍정적인 선택을 했으며, 그렇지 않은 자세를 취한 그룹은 신중하지만 소극적인 태도를 보였습니다. 이뿐만 아니라 호르몬 변화에서도 두 그룹 간 큰 차이가 있었다고 하죠. 이는 단순한 자세 변화가 심리와 행동에 얼마나 큰 영향을 미치는지 보여주는 좋은 사례입니다.

K와 연습을 시작하기 전에 저는 먼저 파워포즈의 원리를 설명했습니다.

"자, 이제 우리가 슈퍼맨이 되었다고 상상해 보자. 다리는 어깨너비로 벌리고, 손은 허리에 얹어. 가슴을 활짝 펴고, 고개는 살짝 들어. '내가 최고야!'라고 속으로 외치는 거야."

처음에는 K도 어색해하며 "이게 진짜 효과가 있어요?"라고 말했습니다.

"직접 해보면 알아. 한번 제대로 해보자."

저도 K와 함께 슈퍼맨 포즈를 취했습니다. 둘이 거울을 보며 어깨를 펴고 손을 허리에 얹고 당당한 자세를 유지했어요. 그때 제가 말했죠.

"어떤 기분이 들어?"

K는 잠시 생각하더니 이렇게 말했습니다.

"뭔가 웃기는데, 재밌어요. 그리고 좀 자신감이 생기는 것 같아요."

"그게 바로 이 포즈의 힘이야. 이걸 꾸준히 연습하면 몸이 기억하게 돼. 그리고 무대에 오르기 직전에 한 번 더 하면 실제로 긴장이 풀릴 거야."

그리고 파워포즈 실전 활용법을 알려주었습니다.

이후 K는 자신감 넘치는 목소리로 발표 상황을 생생하게 전해줬습니다.

"진짜 효과 있었어요! 발표 전에 복도에서 슈퍼맨 포즈를 했더니 신기하게도 떨림이 줄어들었어요."

발표장에서 K의 목소리는 떨림이 없었고, 자세는 당당했다고 했어요. 연설을 듣는 학생들 역시 그의 연설에 공감하며 큰 박수를 보냈다고 하더군요. 특히 K는 '파워포즈 덕분에 긴장하지 않고 끝까지 잘할 수 있었다'며 감사를 전했습니다.

그리고 며칠 뒤, K가 다시 연락을 해왔습니다.

"저 당선됐어요! 선거 결과가 발표됐는데 제가 회장이 됐습니다. 정말 감사해요."

K의 성공적인 발표와 선거 결과를 듣고 마음 한편이 따뜻해졌습니다.

파워포즈 실전 활용법

조용한 공간에서 2분만 집중하라.

발표 전 긴장될 때, 복도나 대기실처럼 조용한 곳을 찾아 2분간 파워 포즈를 취해보세요. 슈퍼맨 포즈나 승리자 포즈를 하면서 머릿속으로 발표할 내용을 상상하며 자신감을 끌어올리는 거죠.

이미지 트레이닝과 결합하라.

포즈를 취하면서 자신이 멋지게 발표하는 장면을 떠올리세요. 상상 속에서 박수갈채를 받으며 무대를 내려오는 자신을 그리는 겁니다. 이 과정은 긍정적인 에너지를 더해줍니다.

당당한 자세를 유지하라.

발표를 시작하기 직전까지 당당한 자세를 유지하세요. 몸의 자세는 긴장감을 줄여주고, 듣는 사람에게도 더 자신감 있는 인상을 줍니다.

심호흡

두 번째 방법은 '심호흡'입니다. 이 방법은 발표 직전에 해도 좋으며, 발표를 시작한 후에도 효과가 좋은 방법입니다. 발표를 이미 시작했는데, 너무 떨려서 심장이 빨리 뛰고 호흡이 빨라진다면 억지로 참고 이어 나가려 하기보다는 잠시 멈추고 심호흡을 한 뒤 다시 이어가는 것을 추천드립니다. 솔직하게 "너무 떨립니다."라고 말하고, 잠시 멈춘 뒤 깊게 호흡을 한 번 정돈하면 조금 더 안정된 발표를 할 수 있을 겁니다. 이렇게 해도 청중은 대부분 나쁘게 생각하지 않습니다. '얼마나 떨릴까', '얼마나 간절할까, 얼마나 긴장될까?' 오히려 속으로 응원하고 더 지지하게 돼요. 그러니 부담감과 압박감을 끌어안고 억지로 끌고 가는 것보다는 잠시 끊고 호흡을 정리하는 것도 아주 괜찮습니다.

심호흡 효과

느리고 깊은 호흡은 부교감신경계를 활성화하여 심박수를 낮추고, 혈압을 안정시키며, 근육의 긴장을 완화합니다. 이에 따라 마음이 차분해지고, 발표를 앞두고 발생하는 과도한 긴장감을 줄일 수 있습니다. 여러 연구에서 심호흡의 효과는 과학적으로 입증되었습니다. 예를 들어, 2017년 이탈리아의 한 연구에서는 심호흡이 스트레스와 불안 수준을 현저하게 낮출 수 있음을 보여주었습니다. 연구 참가자들은 6주간 심호흡 훈련을 받았으며, 그 결과 스트레스 호르몬인 코티솔 수치가 감소하고, 전반적인 심리적 안정감이 증가한 것으로 나타났습니다.

심호흡 요령

1. **4-7-8 호흡:** 이 방법은 가장 널리 알려진 심호흡 기법의 하나입니다. 먼저 4초 동안 코로 천천히 숨을 들이쉬고, 7초 동안 숨을 참은 후, 8초 동안 입으로 천천히 숨을 내쉽니다. 이 과정을 3~5회 반복하면 신체의 긴장이 눈에 띄게 줄어드는 것을 느낄 수 있습니다.

2. **복식 호흡:** 심호흡을 할 때 배까지 공기가 들어가도록 깊게 숨을 들이마시는 것이 중요합니다. 이를 위해 복식 호흡을 연습하세요. 손을 배 위에 올리고, 숨을 들이마실 때 배가 부풀어 오르는 것을 느끼며, 숨을 내쉴 때 배가 다시 들어가도록 의식적으로 호흡을 조절합니다.

3. **짧은 호흡법:** 발표 중 긴장이 느껴질 때는 잠시 말을 멈추고, 짧게 심호흡하는 것이 좋습니다. 청중은 발표자가 잠시 쉬는 것을 자연스럽게 받아들이며, 이 순간을 통해 발표자는 긴장을 풀고 다시 집중할 수 있습니다.

나만의 루틴

'늘 먹던 걸로 주세요~'라는 표현이 있죠. 특정한 음식점에서 자주 주문하는 메뉴를 간편하게 주문하기 위해 단골 손님들이 주로 쓰는 말입니다. 친숙함의 표현이기도 하고 맛이 보장된 메뉴에 대한 신뢰와 마음의 안정을 담고 있기도 합니다.

발표 직전에도 나에게 친숙한 행동을 하는 것이 긴장감을 낮추고 마음에 안정을 줄 수 있습니다. 가령 저는 발표 직전에 늘 '시원한 페퍼민트 티'를 마십니다. 카페인이나 탄산이 들어간 음료는 목에 자극을 주고 목을 건조하게 만들어 발표에 부정적인 영향을 미치기 때문입니다. 반면 뜨거운 음료는 몸에 열이 나고 땀이 나서 발표에 방해가 됩니다. 페퍼민트 티는 목구멍을 열어주고 촉촉하게 해줘서 좋은 목소리를 내는 데 도움이 됩니다. 그래서 저는 발표 전에 '늘 먹던 거'가 생겼어요. 시원한 페퍼민트 티 한 잔으로 긴장감을 낮추고 안정감을 올립니다.

H 전문 프레젠터는 발표 전 긴장될 때 라벤더 향을 맡으면 진정이 된다고 합니다. 이렇게 자신에게 익숙하고 안정감을 주는 행동을 루틴으로 삼으면 발표에 긍정적인 영향을 줄 수 있습니다.

마음을 편하게 해주는 루틴은 징크스를 피하기 위함이기도 하죠. 고등학교 때 친구 중에 루틴을 지독하게 지켰던 재미난 에피소드가 있습니다. 고등학교 1학년 때 같은 반이었던 동창 Y는 교복 주머니에 건전지를 넣고 모의고사를 친 적이 있는데, 전국에서 손꼽힐 만큼 좋은 성적이 나왔죠. 그리고 그 이후로 수능까지 모든 시험을 그 건전지와 함께 치렀다고 합니다. 결국 우수한 성적으로 서울대에 입학했습니다. 물론 원래 공부를 잘하는 친구였고, 건전지 덕에 서울대를 간 것은 아닐 겁니다. 하지만, 그만큼 간절하고 치밀했다는 것을 알 수 있습니다. 이런 사소한 루틴으로 마음의 불안감을 덜어내고 긴장감을 낮추는 노력이 중요한 것이죠. 여러분께 정말 중요한 발표라면 조금이라도 방해가 되는 요소들은 없애고 섬세하게 신경 쓴다면 긴장감을 조금이라도 더 낮출 수 있을 거예요.

—

발표는 기세다

'시작이 반이다.'라는 말이 있죠. 발표에서 시작은 매우 중요합니다. 초반에 분위기를 어떻게 장악하느냐에 따라 그 기세가 달라지기 때문입니다. 처음에 기선 제압을 하지 못하고 청중의 기에 눌린 채 시작하면 발표를 이끌고 가기는 더 어려워집니다. 준비한 만큼 제대로 실력 발휘조차 못할 수 있죠. 그래서 발표 초반을 특히 더 집중해서 준비할 필요가 있습니다. 발표 초반 기세를 장악하는 '인사법, 집중 유도, 목차 소개' 3종 세트를 알려드리겠습니다.

초집중시키는 발표 인사법

발표 코칭을 하다 보면 열 명 중 아홉 명은 자신만의 인사법이 정해져 있지 않습니다. 그때그때 상황에 따라 달라지기도 하고, 평소에 상사나 선배에게 인사하듯이 하는 경우가 대부분입니다. 그러나, 발표 상황은 일상적인 상황과 다르기 때문에 평소와는 다르게 접근해야 한다고 생각합니다. 발표의 시작을 알리는 첫 마디인 만큼 청중의 집중을 끌어낼 수 있는 전략을 신경 써서 준비하는 것이 중요합니다.

지금 머릿속으로 아래의 세 가지 케이스를 차례로 상상해 봅시다.

case1. 고개를 먼저 숙이고, “안녕하세요”라고 말하는 인사

case2. 고개를 숙이면서 “안녕하세요” 말을 동시에 하는 인사

case3. “안녕하세요” 먼저 말하고, 고개를 숙이는 인사

어떤 인사가 가장 좋을 것 같으신가요? 아마도 그 차이를 잘 모르시거나, 바로 떠오르는 답이 없을 수도 있습니다. 그렇다면, 보통 우리가 발표하는 상황을 상상해 보겠습니다. 우리가 청중이라고 생각해 보죠. 발표자가 등장하기 전에 보통 자료를 먼저 보고 있거나, 옆에 있는 다른 분과 이야기를 나누고 있거나, 혹은 다른 생각을 하는 경우가 많지 않나요? 이렇게 생각하면 이제 조금 감이 잡히실 것 같은데요.

case1처럼 인사할 경우 고개 숙여 인사하는 모습을 청중은 볼 기회가 적습니다. case2의 경우도 비슷합니다. 발표자의 목소리가 들려서 청중이 발표자를 쳐다보는 순간, 발표자는 이미 땅을 보고 있을 가능성이 큽니다. 그리고 그 목소리도 땅을 향하고 있을 겁니다.

case3은 어떤가요? 청중이 발표자를 보지 않고 다른 행동을 하고 있지 않더라도, "안녕하세요!"라는 음성으로 먼저 집중시킬 수 있습니다. 그러면 청중의 시선은 발표자를 향하게 되고, 그때 눈을 맞추며 정중하게 고개를 숙여 인사를 하는 것이 좋습니다. 이렇게 할 경우, 대부분 박수까지 나옵니다.

case1, 2에서는 갑작스러운 시작으로 청중이 박수칠 틈도 없지만, case3은 발표자와 청중이 서로 박자를 맞춰 서로 시작할 준비를 할 수 있게 해줍니다. 청중의 집중과 박수를 받으며 발표자는 더욱 자신 있게 발표를 시작할 수 있게 됩니다.

발표 초반 집중 유도법

인사를 멋지게 해서 기세를 가져오고 청중 분들이 집중을 하셨다면, 여기서 한 번 더 그 기세를 다지고 가면 좋습니다. 인사 직후 바로 발표를 시작하는 것보다는 왜 이 발표를 들어야 하는지, 이 발표를 들으면 어떤 도움이 되는지, 이 발표를 위해서 어떻게 준비했는지 등에 대해서 잠깐 이야기를 하면서 직접적으로 집중을 한 번 더 유도하면 좋습니다. 발표를 들을 준비 시간을 더 드릴 수 있고, 청중이 발표에 더 집중하려는 마음가짐을 가질 수 있게 됩니다. 또한 발표자는 발표를 본격적으로 시작하기 전에 조금 더 긴장을 풀 시간을 벌 수 있습니다.

추천 멘트 1. 내용의 가치에 대해서 언급

"압축적으로 핵심적인 내용만 담았습니다."

"발표 내용이 분명히 도움 되실 겁니다."

추천 멘트 2. 직접적으로 집중을 유도

"좀 더 집중해서 들어주신다면 감사하겠습니다."

"딱 5분만 집중해 주시면 정말 감사하겠습니다."

추천 멘트 3. 준비 과정에 대한 공감 유도

"이번 발표를 위해서 정말 간절하게, 치열하게 준비했습니다."

"정말 많은 분들이 오랜 시간 동안 고생해서 준비했습니다."

10점 더 득점하는 목차 소개

발표의 기세를 이어가기 위해서는 전달하려는 내용을 분명히 인식할 수 있도록 해야 합니다. 한 번은 다른 회사에서 경력직으로 이직하신 H 팀장님이 제 발표를 처음 보신 후,

"와… 저런 식으로도 할 수 있구나. 목차 소개를 이렇게 하시는 분은 처음 봅니다." 라고 말씀하시며 깊은 인상을 받았다고 하셨습니다.

발표에서 남들과 차별화할 수 있는 방법은 정말 많습니다. 그중에서도 가장 강력한 방법 중 하나가 바로 '목차 소개' 또는 '발표 순서 소개' 입니다. 많은 발표자를 코칭하면서 놀랐던 점은, 거의 100%가 "발표 순서입니다.", "목차입니다."라고 짧게 언급한 후 순식간에 넘어간다는 것이었습니다.

저는 '목차 슬라이드도 하나의 중요한 페이지인데, 그냥 휙 지나가도 될까?'라는 고민 끝에, 극대화할 방법을 찾았고, H 팀장님을 비롯한 많은 분들이 이 접근법에 공감하며 차별화를 느끼셨던 것 같습니다. 지금은 실전에서 이 방식을 적용하는 분들이 점점 늘어나고 있고, 그 방법을 구체적으로 설명하겠습니다.

추천 멘트 1. 청중을 배려하는 말

"발표 순서는 이렇게 진행이 될텐데요, 평가표 순서와 유사하게 구성했기 때문에 평가하시기 용이하실 거라고 생각합니다"

추천 멘트 2. 강조 부분에 집중을 유도하는 말

"전체 5장으로 구성되어 있는데요, 그중에서 2장과 3장에 가장 중요하고 핵심적인 내용들을 담았습니다. 이 부분을 좀 더 집중해 주신다면 감사하겠습니다."

이와 같은 멘트로 발표 순서에 대해서도 좀 더 남다르게 집중을 유도할 수 있습니다. 특히, 추천 멘트 2는 평가 배점표에서 비중이 가장 높은 부분을 짚어주시는 게 비밀 노하우입니다. (쉿!)

인스타그램에 200개 넘는 릴스를 만들어서 올렸지만, 가장 많은 조회수는 대부분 발표 초반에 대한 내용이었습니다. 그만큼 발표 초반의 중요성에 대해서 많은 분들이 느끼고 있지만, 구체적으로 어떻게 하면 좋을지 고민과 갈증이 많으셨던 것 같아요. 발표 초반의 기세를 잡고 시작하는 것이 뒤의 내용도 이어가는 데에 많은 영향을 주기 때문에 매우 중요합니다. '초집중 발표 인사 + 집중을 유도하는 초반 멘트 + 남다른 목차 소개' 이 3종 세트로 조금 더 자신감 있게 발표를 시작하고, 청중이 조금이라도 더 집중할 수 있게 할 수 있습니다.

반대로 발표 초반에 절대로 해서는 안 될 말과 행동

부정적인 말로 시작하면 없던 부정적인 생각이나 마음도 생기고, 안 좋은 평가로 이어질 수도 있습니다. 심리학 연구에서도 많이 다루어지며 교육학이나 교육심리학에서도 자주 언급됩니다.

부정적인 멘트 예시

"옆에서 시켜서 억지로 나왔는데요…"

"시간이 없어서 준비를 별로 못했는데요…"

"제가 원래 발표를 못 하는데요…"

반대로 긍정적인 말을 많이 쓰고 들으면, 더 긍정적인 마음과 생각이 커지겠죠! 주어진 상황과 환경에서 최대한 긍정 언어를 많이 쓰고 긍정 마음을 많이 전달하면 좋겠습니다!

긍정적인 멘트 예시

"최선을 다해 열심히 발표해 보겠습니다!"

"응원해 주시면 감사하겠습니다!"

—

몸짓, 표정, 복장 연출하기

발표라는 단어를 들으면 대부분의 사람들이 먼저 떠올리는 건 바로 '말하기'입니다. 그래서 흔히들 이렇게 말하곤 하죠.

"저는 말을 잘 못해서 발표에 자신이 없어요."

이런 고민을 털어놓는 분들 중에는 발표를 '잘 말하는 기술'이라고 단순하게 생각하는 경우가 많습니다. 물론, 말하기는 발표에서 중요한 부분이긴 합니다. 하지만 발표를 잘한다는 것은 단순히 말을 잘하는 것과는 다릅니다. 정말 놀랍게도, 발표 중 청중에게 가장 큰 영향을 미치는 요소는 '말하기' 자체가 아닙니다.

그렇다면, 청중에게 강렬한 인상을 남기고 설득력을 높이는 데 있어 가장 중요한 건 무엇일까요? 바로, 시각적 요소입니다.

메라비언의 법칙

'메라비언의 법칙'을 들어본 적이 있으신가요? 이 법칙은 캘리포니아대학교 심리학과 명예교수인 앨버트 메라비언Albert Mehrabian의 연구에서 비롯된 이론입니다. 그의 연구에 따르면, 우리가 상대방에 대해 받는 인상이나 호감은 다음 세 가지 요소로 결정된다고 합니다.

· 말하는 내용: 7% · 목소리: 38% · 보디랭귀지: 55%

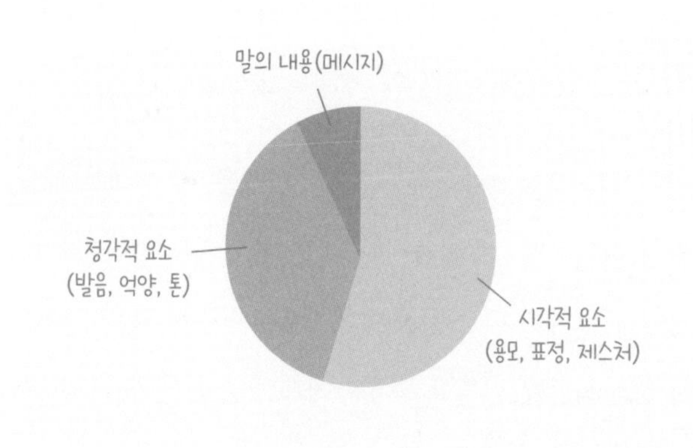

우리가 열심히 준비했던 말의 내용은 청중에게 겨우 7%의 영향을 미칠 뿐이라는 사실! 그보다 더 큰 영향을 주는 것은 발표자의 몸짓, 자세, 표정 같은 비언어적 요소입니다.

발표는 단순히 말을 잘하는 기술이 아닙니다. 발표는 종합 예술입니다. 청중의 마음을 움직이는 데는 우리가 전달하는 말의 내용뿐 아니라, 우리의 태도, 시각 자료, 보디랭귀지 같은 비언어적 요소가 큰 역할을 합니다.

다음번에 발표를 준비할 때, '내가 무슨 말을 해야 할까'라는 고민에서 벗어나 '내가 어떻게 보일까'라는 질문을 던져보세요. 그러면 발표가 훨씬 더 설득력 있고, 청중에게 오래 기억에 남는 경험이 될 것입니다.

한 번은 세미나 현장에서 정말 재미있는 질문을 받았습니다. 한 참가자가 손을 번쩍 들더니 이렇게 물었죠.

"강사님, 잘생긴 게 발표에 도움이 되나요?"

청중들이 폭소를 터뜨렸고 저도 웃음을 참지 못했습니다. 저는 장난스럽게 대답했죠.

"저도 잘생기지 않아서 잘 모르겠지만요(하하), 정말 중요합니다! 하지만 외모보다는 신뢰를 줄 수 있는 자세와 태도가 더 중요해요."

사실, 우리가 타고난 외모를 하루아침에 바꿀 수는 없습니다. 하지만 자기 관리는 누구나 노력하면 개선할 수 있는 부분입니다. 단정하게 정리된 머리카락, 깔끔한 손톱, 구겨지지 않은 옷. 이런 기본적인 관리가 신뢰를 만들고 발표자로서의 첫인상을 결정짓습니다. 아무리 뛰어난 외모를 가진 사람이 발표하더라도, 태도가 불량하거나 준비가 부족하면 신뢰는 순식간에 무너질 수밖에 없습니다.

시선 교환

여러분, '눈은 마음의 창'이라는 말, 한 번쯤 들어보셨죠? 이 말은 단지 시적인 표현에 그치지 않아요. 우리의 눈은 때로는 말보다 강하게, 그리고 솔직하게 감정을 전달하곤 합니다. 대한민국 1호 프로파일러인 권일용 교수님도 범죄자의 심리를 파악하는 데 있어 "거짓말을 할 때는 눈을 제대로 마주치지 못한다"는 사실을 자주 강조하셨습니다. 실제로 범죄자가 거짓말을 할 때 시선을 회피하는 행동은 심리적 불안감이나 죄책감에서 비롯된다고 해요.

그렇다면, 이 원리를 발표에 적용해 보면 어떨까요? 발표자가 청중과 눈을 자주 마주칠수록 신뢰도와 전달력이 높아질 가능성이 커집니다. 발표에서는 단순히 말로만 내용을 전달하는 게 아니라, 눈빛으로도 청중의 마음을 사로잡아야 하니까요. 하지만 여기서 질문이 하나 떠오릅니다.

'어떻게 하면 효과적으로 청중과 시선 교환을 할 수 있을까?' 지금, 이 질문에 대한 답을 함께 찾아보려고 합니다.

무작위(랜덤) 시선 교환

우선 가장 기본적으로 최대한 많은 청중과 골고루 시선 교환을 하는 것이 필요합니다. 특히 발표를 시작할 때, 뒤쪽과 양옆 가장자리부터 시선을 줍니다. 처음 발표를 배울 때 멘토가 알려준 작은 팁인데요, 그 이유는 아주 간단합니다. 뒷줄과 양옆 사람들은 발표자에게서 가장 멀리 떨어져 있기 때문에 가장 먼저 관심을 끌어야 할 대상이에요. '나도 이 발표의 일부구나'라는 느낌을 받을 수 있도록 시선을 보내는 것이 중요하죠.

한 번은 발표에서 뒷줄에 앉아 있던 고객사의 임원과 눈을 마주친 적이 있어요. 발표를 시작하면서 가볍게 웃으며 고개를 끄덕였는데, 그분도 미소로 응답해 주셨습니다. 그 순간 느껴졌던 작은 연결감은 발표 전체 분위기를 따뜻하게 만들어 주었어요. 이렇게 랜덤하게, 그리고 의도적으로 다양한 청중과 눈을 마주치면, 그들이 모두 발표의 주인공이 된 것 같은 느낌을 받을 수 있습니다.

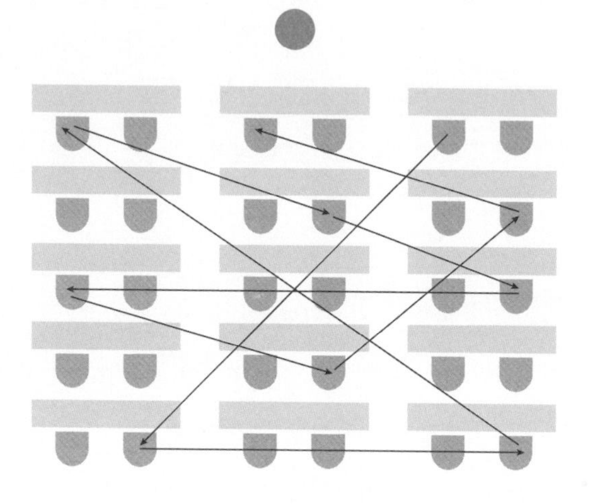

▲ 무작위 시선 교환

긍정 중심 시선 교환

여기서 후배 L과의 일화를 소개할게요. 어느 날 L이 저에게 고민을 털어놓더라고요.

L 후배: "상명 님, 발표 중에 청중의 표정이 안 좋아 보이면 너무 긴장돼요. 어떻게 해야 할까요?"

저는 이 말을 듣고 이렇게 답했죠.

상명: "오! 일단 축하할 일이네! 청중의 표정이 보이기 시작했다는 건 발표에 여유가 생겼다는 거야."

표정이 보인다는 것은 우선 발표에 여유가 좀 생겼다는 좋은 신호입니다. 하지만 청중의 안 좋은 표정이 보이면 괜히 더 주눅 들고 자신감이 떨어질 수도 있어요. 그럴 때 좋은 방법이 바로 긍정 중심 시선 교환입니다. 어떤 발표를 하더라도 모든 청중의 표정이 안 좋은 경우는 드뭅니다. 그중에 긍정적인 표정으로 잘 들어주시는 분들도 분명히 계십니다. 그런 분들을 중심으로 시선 교환을 하면서 자신감도 얻고 분위기를 더 좋게 만드는 전략입니다.

사실 L의 고민은 누구나 겪는 문제예요. 발표에 익숙하지 않을 때는 청중의 반응을 볼 여유조차 없지만, 익숙해지면 반대로 청중의 부정적인 반응이 눈에 들어오면서 위축되곤 하죠. 이럴 땐 청중 중에서 긍정적인 반응을 보이는 사람에게 시선을 집중하는 것이 최고의 해결책입니다.

저 역시 입찰 제안 발표를 하던 자리에서 앞줄에 앉은 한 평가위원이 팔짱을 끼고 인상을 찌푸린 채 저를 뚫어져라 쳐다보셨어요. 처음엔 그 분에게 너무 신경이 쓰여서 긴장됐는데, 곧 옆에서 따뜻한 미소로 발표를 경청하던 다른 참석자가 눈에 들어왔습니다. 저는 그분과 자주 눈을 맞추며 발표를 이어갔고, 덕분에 자신감을 되찾을 수 있었죠. 긍정적인 표정을 가진 청중에게 집중하면, 그 에너지가 나에게도 전달된다는 것을 떠올려 보세요.

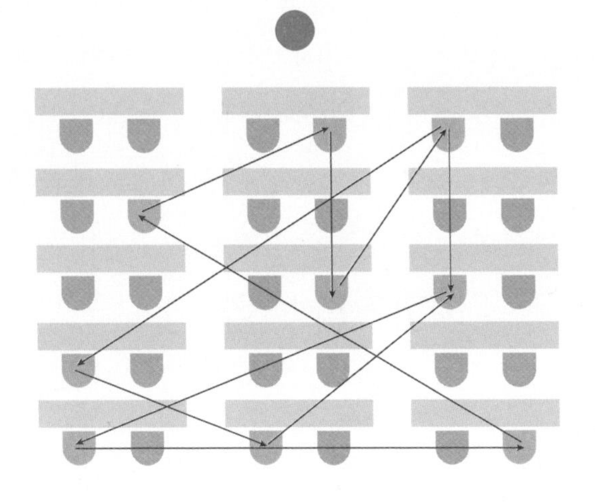

▲ 긍정 중심 시선 교환

키맨 중심 시선 교환

발표에 대한 평가를 받는 자리라면, 그 평가에 가장 큰 영향을 줄 수 있는 사람을 위주로 시선 교환을 하는 방법입니다. 예를 들어, 회사에서 보고 발표 자리라면 의사 결정권이 있는 상사가 키맨이 되겠죠. 또, 입찰 제안 발표나 공모전, 대회 등 경쟁 발표라면 평가위원, 그중에서도 평가위원장이 키맨이 될 것입니다. 대학교 수업에서 과제 발표라면 학점을 줄 수 있는 권한이 있는 교수님이 키맨이 되겠습니다. 많은 청중들 중에서도 이런 영향력이 있는 사람들을 집중적으로 시선 교환해서 더 높은 신뢰감을 주고, 더 높은 점수를 받을 수 있도록 유도하는 전략입니다.

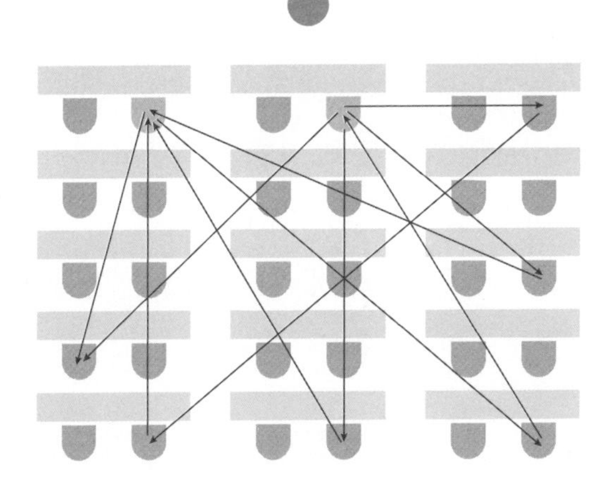

▲ 키맨 중심 시선 교환

청중과의 시선 교환은 발표 기술 중에서도 가장 단순하면서도 강력한 방법입니다. 눈빛은 우리의 감정을 전달하고, 청중과 연결될 수 있는 가장 원초적인 도구니까요. 때로는 말보다 강한 힘을 가진 이 비언어적 표현을 적극 활용해 보세요.

마지막으로, 세 가지 방법을 다시 정리해 보겠습니다.

1. **무작위 시선 교환:** 청중 모두가 발표의 일부라는 느낌을 받을 수 있도록 골고루 시선을 나누세요.
2. **긍정 중심 시선 교환:** 긍정적인 반응을 보이는 청중에게 집중하며 자신감을 유지하세요.
3. **키맨 중심 시선 교환:** 발표의 성패를 좌우할 키맨과 자주 눈을 마주쳐 신뢰를 쌓으세요.

몸짓 언어

여러분 주변에 말을 정말 잘하는 사람들을 떠올려 보세요. 아마도 그분들은 말뿐만 아니라 몸짓도 자연스럽고 활발하게 사용하는 공통점이 있을 거예요. 반대로, 말은 훌륭한데 손이나 몸을 거의 움직이지 않고 딱딱하게 서 있는 사람은 기억에 잘 남지 않을 가능성이 높습니다. 제가 떠올린 대표적인 인물은 바로 유재석 국민 MC입니다.

한 번은 유재석 MC의 진행 방식에 대해 친구와 대화한 적이 있습니다. "왜 유재석은 항상 사람들이 좋아할까?"라는 질문을 던졌더니 친구가 이런 답을 했어요. "동의를 나타내는 작은 손동작을 함께 쓰거든. 이런 손동작은 과하지 않으면서도 보는 사람을 더욱 몰입하게 만들어." 그때 저는 그 말에 크게 공감하며, 발표에서도 몸짓 언어가 얼마나 중요한지 다시 한 번 생각해 보게 됐습니다.

몸짓 언어는 발표에서도 청중의 시선을 사로잡고 메시지를 효과적으로 전달하는 데 중요한 도구입니다. 적절한 손동작은 단순히 멋있어 보이기 위한 것이 아닙니다. 말의 내용을 보완하고, 청중의 이해를 돕는 강력한 수단이에요. 손동작이 더해지면 청중은 말의 흐름을 시각적으로 따라갈 수 있어서 메시지가 더욱 명확하게 전달됩니다. 하지만 너무 많거나 너무 적으면 부작용이 있을 수 있죠. 손동작이 전혀 없다면 발표는 밋밋하고 지루해질 수 있고, 반대로 과하면 산만해 보일 수도 있어요.

그럼, 발표에서 손동작을 잘 활용하는 방법 다섯 가지를 자세히 알아 볼까요? 여기서 소개하는 팁들은 제가 직접 경험하고 실천하며 효과를 본 방법들이니, 여러분도 따라 해 보세요.

중요한 포인트를 강조할 때

대기업 고객사 발표를 준비했던 적이 있습니다. 발표 내용 중 가장 중요한 부분에서 어떻게 하면 주의를 끌 수 있을지 고민했죠. 그때 제가 선택한 방법은 바로 손을 들어 올리는 것이었습니다. 예를 들어 "이 부분이 가장 중요합니다"라고 말할 때, 손을 천천히 들어 올리며 강조했습니다. 결과는 어땠을까요? 청중은 제 손을 따라 자연스럽게 집중했고, 제가 강조한 포인트에 맞춰 고개를 끄덕이면서 동의하는 듯 반응했습니다.

손동작은 이렇게 중요한 내용을 더욱 두드러지게 만들 수 있어요. 손을 높이 올리거나, 손바닥을 펴서 청중에게 보여주는 간단한 제스처는 메시지를 시각적으로도 강조합니다. 이런 동작은 의도적으로 사용해야 효과적이니, 중요한 순간을 놓치지 마세요.

숫자나 목록을 설명할 때

발표 중에 '첫째, 둘째, 셋째' 같은 목록이나 순서 내용을 전달해야 할 때가 많습니다. 이때 손가락으로 숫자를 보여주는 것은 아주 유용한 방법이에요. 한 번은 제가 발표에서 '세 가지 핵심 전략'을 설명할 때, 손가락으로 숫자를 나타내며 진행한 적이 있어요. 첫째는 검지를 들어 올리고, 둘째는 두 번째 손가락을 추가하는 방식으로 말이죠. 그러자 청중이 고개를 끄덕이며 자연스럽게 제 설명을 따라왔습니다.

이렇게 숫자를 시각적으로 표현하면 청중은 그 흐름을 더 쉽게 이해하고 기억하게 됩니다. 단순한 손동작이지만 효과는 강력하죠. 여러분도 숫자나 목록을 설명할 때 꼭 활용해 보세요.

큰 개념을 설명할 때

한 번은 사내 강연에서 '엄청난 변화'라는 주제를 설명할 때였습니다. '엄청난 변화'를 단순히 말로만 설명하면 청중이 느끼기 어렵겠죠? 그래서 저는 두 팔을 크게 벌려 그 크기를 표현했습니다. 그러자 청중이 웃으면서 고개를 끄덕이는 것을 볼 수 있었어요. 추상적인 개념도 손동작으로 구체화하면 청중의 이해를 도울 수 있습니다.

예를 들어, "시장이 점점 확장되고 있습니다"라고 말할 때 손으로 점점 넓어지는 움직임을 보여주면 어떨까요? 이런 동작은 단순히 말로 설명하는 것보다 훨씬 강렬한 인상을 남길 수 있습니다.

손동작은 말과 자연스럽게 맞추기

신입 시절 발표에서 많이 들은 피드백 중 하나가 '손동작이 너무 빠르다'는 것이었어요. 말보다 손이 빨라서 청중이 오히려 혼란스러워했던 거죠. 그때부터 저는 말의 리듬에 맞춰 손동작을 사용하는 연습을 시작했습니다. 예를 들어, 중요한 문장을 천천히 말할 때 손동작도 속도를 줄이고, 빠르게 넘어갈 때는 손을 가볍게 움직였습니다.

손동작이 말과 어울리면 더 자연스럽고 신뢰감을 줄 수 있죠. 반대로 부자연스러운 손동작은 오히려 발표에 방해가 될 수 있으니, 리듬을 꼭 신경 써 보세요.

불필요한 손동작은 피하기

마지막으로, 손동작은 꼭 필요할 때만 사용하는 것이 좋습니다. 불안해서 계속 손을 만지작거리거나 주머니에 넣고 있으면 오히려 긴장감을 전달할 수 있어요. 제가 발표 초기에 이런 실수를 자주 했는데요. 발표를 들은 동료가 "무의미하게 손을 반복적으로 움직이니까 집중력이 떨어져"라고 지적해 줬습니다. 그때부터는 손동작을 의식적으로 줄이고, 중요한 순간에만 사용하려 노력했습니다.

예를 들어, "여기서 중요한 점은…"이라고 말할 때만 손을 사용하고, 평소에는 편안하게 내리거나 테이블 위에 놓는 연습을 했습니다. 그렇게 하니 손동작의 효과가 더 두드러지고, 발표도 훨씬 안정적으로 보였습니다.

이렇게 손동작은 발표의 질을 높이는 데 필수적인 요소입니다. 하지만 중요한 것은 적절한 균형이에요. 너무 많지도, 너무 적지도 않은 손동작이 발표를 자연스럽고 효과적으로 만들어 줍니다. 여러분도 오늘부터 작은 연습을 시작해 보세요. 중요한 부분에서 손을 살짝 들어 올리거나, 숫자를 말할 때 손가락을 사용하는 것부터 말이죠. 그 작은 변화가 발표를 완전히 바꿔놓을 수 있습니다.

표정 연출

발표를 잘하고 싶어서 오랜 시간 노력했지만, 특히 표정 때문에 참 많은 피드백을 받았습니다. 솔직히 처음에는 표정이 그렇게 중요할까 생각했었어요. 하지만 여러 번의 발표와 경험을 통해 표정이 얼마나 중요한지 뼈저리게 깨달았습니다. '웃는 얼굴에 침 못 뱉는다'라는 속담도 있잖아요. 그만큼 표정 하나가 사람에게 주는 인상이 강력하다는 뜻이겠죠. 하지만 이걸 제 발표에 적용하는 데에는 시간이 꽤 걸렸습니다.

"상명 님 발표 너무 좋은데, 표정이 좀 어두워요."
"상명 님 다른 건 괜찮은데, 표정이 너무 굳어있어요."
"표정만 좀 더 밝으면 발표가 훨씬 좋아질 거예요."

이런 피드백을 들을 때마다 머리로는 이해했지만, 실제로 바꾸는 건 쉽지 않았어요. 발표를 잘하기 위해 슬라이드 디자인, 목소리, 내용 구성 등 신경 써야 할 게 한두 가지가 아니었거든요. 그러다 보니 표정까지 챙길 여유는 없었던 것 같아요. 자세나 손동작은 눈으로 보고 바로 고칠 수 있지만, 표정은 그렇지가 않잖아요.

회사에서 핵심적인 프로젝트를 준비하기 위해 파트너사와 미팅을 할 때 있었던 일입니다. 당시 파트너사 대표님이 미팅에 참석하셨는데, 그 분은 정말 특이한 분이셨어요. 어려운 이야기나 부정적인 피드백을 하실 때도 늘 밝고 부드러운 표정을 지으셨어요. "이 부분은 조금 더 개선이 필요할 것 같아요."라는 말씀을 하시면서 살짝 미소를 띠는데, 반박하고 싶은 마음이 싹 사라지더라고요. 오히려 더 열심히 해야겠다는 생각이 들었어요. 그 순간도 깨달았죠. 표정 하나가 사람에게 주는 힘이 이렇게나 크구나.

그 일을 계기로 저도 제 표정을 바꾸는 연습을 시작했습니다. 솔직히 말하면 처음에는 굉장히 어색했어요. 거울 앞에서 미소를 연습하는데, '이게 진짜 도움이 될까?' 하는 의구심도 들었죠. 하지만 꾸준히 하다 보니 조금씩 자연스러워졌습니다.

표정 연습 방법

제가 표정을 개선하기 위해 가장 먼저 한 일은 책상 위에 작은 탁상용 거울을 올려두는 것이었어요. 발표 연습을 할 때마다 고개만 살짝 돌려서 제 표정을 확인할 수 있도록 환경을 만든 거죠. 거울을 보면서 일부러 웃는 연습을 했습니다. "오늘의 발표는 정말 중요합니다!" 같은 대사를 하면서 눈웃음도 지어보고, 입꼬리를 올려보기도 했어요. 처음에는 어색했지만, 시간이 지날수록 조금씩 익숙해졌습니다.

또한 발표 내용을 연습할 때, 특정 부분에서 어떤 표정을 지어야 할지 미리 정했습니다. 예를 들어, 중요한 메시지를 전달할 때는 진지한 표정을 짓고, 유머를 던질 때는 부드러운 미소를 지으려고 연습했어요. 이렇게 미리 준비해 두니까 발표 당일에는 표정이 훨씬 자연스럽게 나왔습니다.

발표의 첫인상은 표정에서 시작된다

발표를 시작하기 전, 무대 위에 서서 청중을 바라보는 순간이 있잖아요. 그때 청중은 발표자의 표정에서 많은 정보를 받습니다. 제가 처음 발표를 배울 때, '첫인상이 중요하다'는 말을 많이 들었지만, 표정이 첫인상을 좌우한다는 사실은 나중에 알게 되었어요. 밝고 따뜻한 미소는 발표에 대한 자신감과 긍정적인 에너지를 전달하는 강력한 도구입니다.

발표 준비는 철저히 했지만, 무대에 올라가기 직전에 긴장감이 몰려왔던 적이 있습니다. 그 순간, 이전에 연습했던 것을 떠올리며 억지로라도 미소를 지으려고 노력했어요. 신기하게도, 청중들의 얼굴이 조금씩 편안해 보이기 시작했습니다. 그리고 그들의 반응이 제 발표에 자신감을 더해 주더라고요.

반면, 무표정이나 경직된 표정은 청중에게 긴장감을 전달할 수 있습니다. 이 경우 발표자와 청중은 거리감이 생길 수밖에 없어요. 발표자는 표정 하나로도 청중에게 긍정적이고 자신감 넘치는 인상을 줄 수 있어야 합니다.

표정은 감정도 전달한다

표정은 감정을 전달하는 중요한 역할을 합니다. 청중은 발표자의 얼굴에서 감정을 읽고, 그에 따라 발표 내용을 더 깊게 받아들입니다. 때로는 아무 말도 하지 않아도 표정만으로도 많은 것이 전달될 수 있습니다.

발표 내용이 감동적인 부분이라면 따뜻한 표정이 필요하고, 유머를 전달할 때는 자연스러운 웃음이 중요합니다. 한 번은 제가 청중에게 재미있는 예시를 들려주는 순간이 있었어요. 그때 제가 웃으면서 이야기를 시작하니, 청중도 따라 웃는 걸 느낄 수 있었습니다. 표정이 청중의 감정을 끌어올리는 데 이렇게 효과적일 줄은 몰랐죠.

꾸준한 연습이 필요하다

표정 연출은 한두 번의 연습으로 완성되지 않습니다. 꾸준히 반복하고 익숙해질 때까지 연습해야 합니다. 특히 발표 시작 전, 긴장을 관리하는 방법도 익혀야 합니다. 저는 발표 전에 심호흡하며 미소를 지으려고 노력합니다. 그 작은 습관이 발표의 전체적인 분위기를 바꿔주더라고요.

결국 발표에서 표정은 강력한 비언어적 도구입니다. 청중과 감정적으로 소통하고, 메시지를 효과적으로 전달하려면 표정을 잘 활용해야 합니다. 여러분도 지금 당장 거울을 보고 웃는 연습을 시작해 보세요. 그 작은 변화가 발표를 한 단계 더 발전시킬 겁니다.

복장 연출

전역을 앞둔 장병들을 대상으로 한 진로 특강을 했던 적이 있습니다. 강의가 끝난 후 한 장병이 다가와 질문을 했습니다.

"왁스를 어떤 제품 쓰십니까?" 라는 예상치 못한 질문이었습니다. 순간 당황하기도 했지만, 곧 웃음이 나왔습니다. 알고 보니 그는 이발병이었고, 강연 내내 제 헤어스타일에 유독 관심이 갔던 모양입니다.

이제 이런 질문은 그리 낯설지 않습니다. 발표와 직접적인 연관이 있는 질문은 아니지만, 제가 발표 외적으로 가장 많이 받는 질문 중 하나입니다. 이유는 아마도 항상 일정한 스타일로 깔끔하게 머리를 유지하고 있기 때문일 겁니다. 발표가 없는 평소에도 저는 포마드 스타일을 고수하며 단정한 이미지를 유지하려고 노력합니다. 그래서인지 많은 분들이

"머리를 얼마나 자주 깎으세요?",
"아침에 머리 손질에 얼마나 시간을 쓰세요?"

같은 질문을 하곤 합니다. 이렇게 헤어스타일은 이제 저를 상징하는 이미지 중 하나가 되었습니다. 그리고 저는 이 이미지가 발표자로서의 신뢰도에도 큰 영향을 준다고 생각합니다.

이러한 스타일링은 단순히 외모를 꾸미는 것을 넘어 발표자로서의 진정성과 태도를 나타내는 중요한 요소라고 봅니다. 그래서 중요한 발표가 있는 날은 헤어스타일뿐 아니라 의상과 액세서리 선택에도 신경을 씁니다. 몇 년 전 한국을 대표하는 ○○기관의 입찰 제안 발표를 준비했던 적이 있습니다.

많은 분께 ○○기관에 대한 이미지를 물으면, 강렬한 특정 색상을 떠올리기보다는 중립적이고 안정적인 느낌을 연상하곤 합니다. 실제로 ○○기관의 공식 색상이나 건물 외관도 회색 계열이 많았죠. 저는 이러한 점을 고려해 발표 당일, 회색 톤의 정장을 입기로 결정했습니다.

발표가 끝난 후, 리더분들께 뜻밖의 피드백을 받았습니다. "오늘 복장이 정말 인상적이었어요. 발표 내용과 너무 잘 어울렸습니다."라는 칭찬을 듣게 되었죠. 그리고 우리는 그 프로젝트에서 압도적인 점수 차이로 1위를 차지할 수 있었습니다. 물론, 스타일링이 발표의 성공을 결정짓는 유일한 요소는 아닙니다. 하지만 이러한 세심한 준비와 노력은 발표자의 자신감을 높이고, 청중에게 긍정적인 인상을 남기는 데 분명한 영향을 미친다고 생각합니다.

복장 연출 방법

발표의 주제와 성격에 따라 복장의 격식을 조절하는 것은 매우 중요합니다. 예를 들어, 중요한 기업 프레젠테이션이나 입찰 제안 발표에서는 깔끔하고 단정한 정장이 적합합니다. 기업의 신뢰도를 강조해야 하는 자리에서는 프로페셔널한 이미지를 유지하는 것이 바람직합니다. 반면, 창의성과 유연성을 강조하는 스타트업 관련 발표에서는 다소 캐주얼한 복장이 허용되기도 합니다.

깔끔한 셔츠와 청바지로 편안한 이미지를 연출해 청중에게 신뢰감을 주는 데 성공한 스타트업 대표가 있었는데요. 이 사례는 발표자가 청중의 기대와 발표의 목적을 고려해 복장을 선택하는 것이 얼마나 중요한지를 보여줍니다.

색상의 심리적 효과

복장을 선택할 때 색상의 심리적 효과도 고려해야 합니다. 색상은 청중의 감정에 영향을 미칠 수 있으며, 발표자의 이미지에도 큰 영향을 미칩니다. 예를 들어, 파란색 계열은 신뢰와 안정감을 주는 색상으로, 금융이나 기술 관련 프레젠테이션에서 자주 활용됩니다. 실제로 한 금융 세미나에서 발표자가 파란색 넥타이를 착용했을 때, 청중의 신뢰도가 높아졌다는 피드백을 받았던 사례가 있습니다.

반면, 빨간색이나 주황색 같은 따뜻한 색상은 열정과 에너지를 전달하는 데 효과적입니다. 발표자가 청중의 시선을 끌고 강한 메시지를 전달하고자 할 때, 이런 색상을 적절히 활용하면 좋습니다. 하지만 너무 과도하게 사용하면 오히려 산만해 보일 수 있으니, 주의가 필요합니다.

개성을 살리는 스타일링을 하라

복장은 단순히 격식을 맞추는 것 이상으로, 발표자의 개성을 표현하는 중요한 요소입니다. 발표자의 스타일링은 그들이 전달하고자 하는 메시지와 일관성을 이루어야 합니다.

예를 들어, LG유플러스에서 AI와 관련된 기자회견을 할 때 경영진 분들은 정장이 아닌, 새로운 브랜드 로고가 새겨진 맞춤 제작 맨투맨 티셔츠를 입고 발표를 진행했죠. 발표하는 제품과 서비스의 정체성을 청중에게 더 강렬하게 전달하는 데 효과적이었습니다. 지나치게 화려하거나 격식이 갖춰진 스타일보다는 단정하면서도 발표자의 개성을 잘 살려주는 연출이 가장 효과적입니다.

편안함과 실용성을 고려하라

아무리 멋진 복장을 갖추더라도 발표자가 불편함을 느낀다면 발표에 악영향을 미칠 수 있습니다. 한 발표자가 너무 딱 맞는 정장을 입고 무대에 올랐던 적이 있습니다. 그는 발표 도중 옷이 불편하다며 계속해서 신경을 쓰는 모습을 보였고, 이는 청중에게도 자연스럽게 전달되었습니다. 발표자는 편안한 복장을 통해 자신의 움직임과 표현에 더 집중할 수 있어야 합니다.

결국 발표자의 복장은 단순히 외형적인 요소를 넘어, 메시지 전달력과 청중과의 소통에 큰 영향을 미칩니다. 여러분도 앞으로 발표를 준비할 때 의상 선택과 스타일링을 조금 더 전략적으로 접근해 보세요. 세심한 준비와 진심이 담긴 스타일링은 청중에게 깊은 인상을 남기고, 발표자의 자신감을 한층 더 끌어올려 줄 것입니다.

복장 수준이 고민일 때 꼭 알아야 할 두 가지 TIP

발표를 준비하면서 '무엇을 입어야 할까?' 고민을 해보지 않은 사람은 없을 것입니다. 중요한 발표일수록 복장 선택이 중요하죠. 너무 격식을 차리면 부담스러워 보일까 걱정되고, 너무 캐주얼하면 가벼워 보일까 염려됩니다. 하지만 걱정하지 마세요. 복장 선택 시 참고할 두 가지 TIP을 알려드리겠습니다.

1. 발표 관련 담당자에게 직접 확인하기

복장에 대한 확실한 기준을 알고 싶다면, 가장 좋은 방법은 담당자에게 직접 물어보는 것입니다. 단순히 "드레스 코드는 무엇인가요?"라고 묻는 것에서 끝내지 말고, 조금 더 구체적으로 질문해 보세요.

"그 자리에 오시는 다른 분들은 어떤 복장을 하시나요?"
"비슷한 성격의 다른 발표에서는 복장이 어땠나요?"
"담당자분께서 발표자의 복장에 대해 선호하는 스타일이 있으신가요?"

이 질문들만으로도 고민이 상당 부분 해결될 가능성이 높습니다.

TIP 활용 에피소드

몇 년 전, 기업 행사에서 발표를 맡게 되었습니다. 행사 규모가 컸던 만큼 준비할 것도 많았지만, 발표 당일까지 복장 고민에서 벗어날 수가 없었죠. 고민 끝에 행사 담당자에게 전화를 걸어 이런저런 질문을 던졌습니다.

"안녕하세요, 제가 발표자로 참석하게 되었는데 복장이 고민돼서요. 혹시 이번 행사에 오시는 분들은 보통 어떤 스타일로 오시나요?"

담당자는 잠시 생각하더니 친절하게 답해주었습니다.

"이번 행사는 조금 포멀한 편이에요. 다른 발표자분들도 대부분 넥타이를 하고 오실 것 같습니다. 개인적으로는 발표자님도 넥타이를 하시고, 안경을 끼시면 더 스마트한 인상을 줄 수 있을 것 같아요."

그제야 머릿속이 맑아졌습니다. 넥타이와 안경이라니! 이런 조언을 들으니 비로소 제 복장에 대한 확신이 생겼고, 발표 날엔 평소보다도 더 당당하게 무대에 설 수 있었습니다. 결과적으로 복장에 대한 고민을 덜어낸 덕분에 발표에도 더 집중할 수 있었고, 청중으로부터 "프로페셔널한 인상을 받았다"는 피드백도 들을 수 있었습니다.

2. 비즈니스 미팅 시 상대방보다 한 단계 상향하기

만약 명확한 기준을 얻지 못했다면, 기본적으로 상대방의 복장 수준보다 한 단계 상향하는 전략을 추천합니다. 이 방법은 과하지 않으면서도 충분히 신뢰감을 줄 수 있는 안전한 선택입니다.

복장 수준 조정 가이드

- 상대방이 캐주얼 스타일이라면, 비즈니스 캐주얼로
- 상대방이 비즈니스 캐주얼이라면, 노타이 정장으로
- 상대방이 노타이 정장이라면, 넥타이를 포함한 정장으로

TIP 활용 에피소드

얼마 전, 한 금융권 고객사와의 제안 발표 자리에서의 일입니다. 초대받은 고객사 임원분들의 복장이 대체로 비즈니스 캐주얼일 것 같았지만, 확신이 서지 않았죠. 결국 저는 복장을 비즈니스 캐주얼에서 한 단계 상향해, 노타이 정장으로 준비했습니다. 그 결과는 성공적이었죠. 고객사 임원분들은 편안한 복장이었지만, 제가 한 단계 격식 있는 복장을 선택함으로써 발표자로서의 신뢰감과 전문성을 강조할 수 있었습니다.

이 전략의 핵심은 "너무 튀지 않으면서도 존중의 메시지를 전달하는 것"입니다. 특히 격식이 중요한 자리일수록 이러한 복장 선택은 발표의 성공 확률을 높이는 데 큰 역할을 합니다.

복장은 단순히 외모의 문제가 아닙니다. 복장은 발표자의 메시지를 시각적으로 전달하는 중요한 요소입니다. 청중은 당신의 말뿐 아니라 당신의 전체적인 모습을 통해 메시지를 받아들이기 때문입니다.

다음번에 발표를 준비하며 복장 고민에 빠졌을 때, 다음 두 가지를 떠올려 보세요.

1. **발표 관련 담당자에게 직접 확인하기:** 확실한 정보를 얻는 가장 쉬운 방법입니다.
2. **상대방보다 한 단계 상향하기:** 신뢰와 전문성을 유지하면서 안전하게 선택할 수 있는 전략입니다.

이 두 가지를 기억한다면, 발표 복장 고민은 더 이상 스트레스가 아니라 자신감 포인트가 될 것입니다.

소품 활용

몇 년 전, 잊을 수 없는 발표를 했던 적이 있습니다. 소상공인을 위한 유통 관련 서비스 입찰 제안 발표였는데요. 그때 제가 준비한 작은 소품 하나가 발표의 성패를 좌우했다고 해도 과언이 아닙니다.

발표 준비를 하면서 저는 늘 '청중이 무엇을 원하는지', '무엇에 관심을 가질지'를 고민합니다. 그 발표도 마찬가지였죠. 발표 대상은 소상공인을 지원하는 기관 관계자들이었어요. 그들이 가장 중요하게 여기는 것은 무엇일까 고민하던 중 문득 그들이 자랑스럽게 여길 법한 소상공인 제품들을 떠올렸습니다. 발표 전에 그 기관 소속 소상공인들의 제품 목록을 살펴보았고, 그중에서도 '배도라지즙'이라는 제품이 눈에 띄었습니다.

이 제품이 제 목을 보호해 준다는 설명을 읽으니, 발표 준비로 혹사한 목에 딱일 것 같다는 생각이 들었습니다. 그래서 제품을 주문해서 며칠 동안 직접 먹어보았어요. 맛은 예상외로 깔끔하고 달콤했는데, 무엇보다 제 목소리가 한결 부드러워진 느낌이 들었고, '이거다!'라는 확신이 들었습니다. 발표 당일, 저는 배도라지즙 한 포를 상의 안주머니에 넣고 발표장으로 향했습니다.

발표장은 긴장감으로 가득 차 있었습니다. 과연 이 소품으로 강렬한 인상을 남길 수 있을지 약간의 불안감도 있었습니다. 하지만 마음을 다잡고 발표가 시작되기를 기다렸습니다.

드디어 제 차례가 되었고, 저는 청중 앞에 섰습니다. 마이크를 잡고 한 박자 쉬면서 분위기를 살피며 "여기까지 오는 길에 참 많은 생각을 했습니다. 여러분께서 소상공인들의 노력을 얼마나 소중히 여기시는지 잘 알고 있습니다. 그래서 제가 오늘 발표를 준비하며, 소상공인 제품을 직접 체험해 보았습니다."라고 말했습니다.

그리고 상의 안주머니에서 배도라지즙 한 포를 꺼내 들었죠. 청중의 시선이 순간적으로 제 손에 집중되었습니다. 모두들 '저게 뭐지?'라는 눈빛으로 저를 바라보고 있었죠. 저는 미소를 지으며 한마디를 덧붙였습니다.

"이 배도라지즙은 이곳에 소속된 소상공인의 제품입니다. 발표자로서 좋은 목소리를 유지하기 위해 미리 먹어봤고, 오늘 이렇게 직접 가져와 봤습니다."

그 순간, 발표 장소의 공기가 부드러워지는 것을 느낄 수 있었습니다. 청중들이 미소 짓는 모습이 보였죠. 그들은 제가 그들의 가치를 이해하고 존중하고 있다는 사실을 알아챈 것 같았습니다. 그 배도라지즙 한 포는 단순한 음료가 아니라, 청중의 마음을 사로잡기 위해 준비한 '다리' 역할을 하고 있었습니다.

"이 배도라지즙 외에도 정말 훌륭한 제품들이 많더라고요. 그런 우수한 제품들이 더 많은 사람들에게 알려질 수 있도록, 제가 준비한 서비스를 지금부터 소개하겠습니다."

이 한마디로 분위기는 완전히 제 편으로 돌아섰습니다. 청중의 눈빛은 기대감으로 반짝였고, 저도 덩달아 자신감이 붙어서 발표를 더욱 열정적으로 이어갔었죠.

발표를 마친 후, 청중들은 뜨거운 박수를 보내주었습니다. 그제야 저는 긴장이 풀리며 마음속으로 "이겼다!"고 외쳤습니다. 결과적으로 저희 팀은 그 입찰에서 최종적으로 승리했고, 그 발표는 저에게도 큰 자부심으로 남았습니다.

이 경험을 통해 저는 소품 활용의 중요성을 다시 한번 깨달았습니다. 소품은 단순히 발표를 꾸미는 장식품이 아닙니다. 청중의 관심을 사로잡고, 발표자의 진정성을 전달하며, 발표 내용을 쉽게 기억하도록 돕는 강력한 도구입니다. 하지만 이러한 소품이 효과를 발휘하려면 몇 가지 필수 조건이 필요합니다.

소품 활용 방법

먼저, 철저한 시나리오 작성이 중요합니다. 소품을 활용하는 순간이 발표의 흐름을 끊지 않고 자연스럽게 이어지려면 소품을 꺼내는 타이밍, 말의 흐름, 청중의 반응까지 미리 예상하고 준비해야 합니다. 저는 배도라지즙을 꺼내는 타이밍과 함께 할 멘트를 여러 번 연습했습니다. 덕분에 발표 당일에도 자연스럽게 소품을 활용할 수 있었죠.

또한, 동선도 고려해야 합니다. 발표 중에 소품을 꺼내거나 보여줄 때 청중 모두가 잘 볼 수 있는 위치와 움직임을 미리 계획해야 합니다. 만약 발표 자료나 마이크와 충돌한다면 오히려 청중의 주의를 산만하게 만들 수 있습니다. 저는 발표장에서 소품을 보여줄 위치를 미리 점검했고, 조명을 확인하면서 적합한 위치를 찾아 연습했습니다.

마지막으로, 충분한 연습은 필수입니다. 소품 활용이 어색하지 않으려면 몸에 익숙해질 때까지 반복해서 연습해야 합니다. 저는 소품을 사용하는 멘트와 행동을 거울 앞에서 연습했고, 동료들에게 시연하며 피드백을 받았습니다. 이런 과정을 통해 발표 당일에는 자연스럽고 자신 있게 소품을 활용할 수 있었습니다.

만약 여러분이 발표를 준비하고 있다면, 소품 활용을 적극적으로 고려해 보세요. 발표 주제와 연관성이 있고, 청중의 관심을 끌 수 있는 소품이라면 더욱 좋습니다. 소품은 단순히 눈길을 끄는 데서 끝나는 것이 아니라, 발표자와 청중 간의 거리를 좁혀주고, 메시지를 보다 강렬하게 전달할 수 있도록 돕는 든든한 조력자가 될 수 있습니다. 다만, 이를 위해 철저한 준비와 연습을 잊지 마세요.

다음 발표에서 여러분도 꼭 한번 시도해 보세요. 여러분이 준비한 작은 소품 하나가 발표를 빛내줄지도 모릅니다.

목소리도 연출이 필요하다

아주 인상 깊게 본 유튜브 영상이 있습니다. 이 영상 속 사건의 시작이 된 원본 영상은 2011년에 무려 3,000만 조회수 이상을 기록하며 화제가 되었던 인물 테드 윌리엄스Ted Williams가 등장하는 영상입니다. '성우가 된 노숙자'의 이야기로 미국에서 있었던 실화입니다. 앞서 말씀드린 시각의 중요성까지 초월해 버린 청각의 중요성을 잘 보여줍니다.

테드 윌리엄스는 헝클어진 머리에 오랫동안 씻지 않은 모습으로 "I HAVE A GOD GIVEN GIFT OF VOICE(저에게는 신이 내린 목소리가 있습니다.)"라고 적힌 피켓을 들고 도로에서 구걸을 하고 있었습니다. 이를 우연히 본 브루클린의 한 지역 기자가 윌리엄스의 목소리를 담은 영상을 유튜브에 올린 것이 그의 인생을 바꾸게 됐습니다. 성우보다 더 성우같은 목소리는 수천만 명의 사람들을 매료시켰고, 이후 윌리엄스는 방송국 TV쇼에 초청받아 더 많은 사람들에게 목소리를 선보일 수 있게 됐습니다. 실제로 라디오를 진행하기도 하고, 수많은 방송과 광고 속 목소리 모델, 영화 속 캐릭터의 더빙으로 천상의 목소리를 더 빛내기 시작했습니다. 그로부터 10년이 지난 후에는 억대 연봉의 유명 성우로 활동하며, 노숙자 보호 단체를 운영하기도 했습니다.

구걸하는 노숙자에게 말을 걸자 튀어나온 "천상의 목소리"

저는 윌리엄스의 기적 같은 이야기를 듣고 정말 큰 영감을 받았습니다. 겉모습과 상관없이 좋은 목소리는 수많은 사람들의 청각을 긍정적으로 자극하는 강력한 힘을 가지고 있습니다. 좋은 목소리는 누군가의 인생을 바꿀 수도 있습니다. 그리고 누구나 지금 보다 더 좋은 목소리를 가질 수 있습니다.

발표에서 목소리는 단순한 정보 전달의 도구 그 이상입니다. 목소리는 발표자가 전달하려는 메시지를 청중에게 어떻게 전달할지 결정하는 매우 중요한 요소로, 발표의 성공 여부를 좌우할 수 있습니다. 실제로 동일한 내용의 발표라도 발표자의 목소리 톤, 속도, 강약에 따라 청중의 반응이 달라지는 것은 누구나 한 번쯤 경험해 보셨을 겁니다.

예를 들어, 유시민 작가는 TV 프로그램 '알쓸신잡'에서 정보가 많은 부분에서는 빠르고 힘찬 목소리로 집중력을 높이고, 감정적인 순간에는 톤을 낮춰 차분하게 전달하여 청중의 몰입도를 극대화합니다.

또한, 목소리는 청중과의 감정적 연결을 만들어냅니다. 발표자가 목소리를 통해 자신의 열정과 진정성을 표현하면, 청중은 그 발표에 더 쉽게 감정을 이입하게 됩니다. 강의계의 레전드로 불리는 김창옥 강사님은 특유의 부드러운 목소리와 유머 감각을 통해 청중과 자연스러운 소통을 끌어내며, 발표를 들을 때 단순히 정보를 받는 것이 아니라 감정적으로 연결되게 만듭니다.

좋은 목소리 만드는 방법

좋은 목소리를 위해서는 바른 자세가 필수적입니다. 바른 자세의 중요성은 앞서 시각 점수에서도 말씀드렸는데요, 좋은 목소리까지 만들어줄 수 있기 때문에 그만큼 발표에 있어서 가장 기본이며, 가장 중요한 요소입니다. 자세가 나쁘면 폐가 충분히 확장되지 못해 호흡이 얕아지고, 결과적으로 목소리의 힘과 전달력이 떨어집니다. 15년 경력 물리치료사이자 체형/재활 전문가인 H 원장님과 좋은 목소리를 위한 바른 자세 연습 방법에 대한 콘텐츠를 함께 만든 적이 있습니다.

1. 벽에 등을 기대어 발목부터 귓불까지 일직선으로 서기
2. 혀로 입천장을 밀어 올려주기
3. 쇄골을 열고 어깨 뒤쪽을 벽에 대기
4. 손바닥으로 벽을 지그시 눌러주기

발표할 때는 먼저 척추를 곧게 펴고 어깨는 이완된 상태로 유지하는 것이 중요합니다. 턱을 너무 들거나 고개를 숙이지 않도록 주의하면서 고개를 약간 위로 정면을 바라보면 호흡과 발성을 자연스럽게 조절할 수 있습니다.

발표를 준비할 때, 긴장으로 인해 몸이 굳거나 어깨가 위축될 수 있습니다. 이럴 때는 발표 전에 간단한 스트레칭을 통해 긴장을 풀어주는 것이 좋습니다. 목과 어깨를 부드럽게 풀어주면 자연스럽게 호흡이 편안해지고, 목소리의 울림도 더 풍부해질 수 있습니다. 특히 목 근육을 풀어주는 것은 발성에 큰 도움을 줍니다. 간단한 목 돌리기, 어깨 돌리기, 그리고 팔을 들어 올리며 스트레칭하는 동작을 통해 몸을 이완시키면 목소리도 안정됩니다.

좋은 목소리 3요소

호흡

좋은 목소리의 기초는 안정적인 호흡에서 시작됩니다. 특히 복식호흡은 긴 호흡을 유지할 수 있어 목소리에 더 큰 힘을 실어줍니다. 얕은 호흡은 목소리가 떨리거나 약해질 수 있으며, 청중에게 불안감이나 자신감 부족으로 비칠 수 있습니다. 복식호흡은 먼저 코로 공기를 깊게 들이마신 후, 입으로 천천히 내쉬는 방식으로 연습할 수 있습니다.

1. 오른손은 배 위에 올리고, 왼손은 가슴 위에 올려요.
2. 오른손만 올라오게 배가 볼록해질 정도로 숨을 가득 채워요.
3. 주의할 것은 왼손(가슴)이 같이 올라오거나, 어깨가 들리면 안 돼요.
4. 배에 가득 찬 숨을 내쉴 때 그 공기에 소리를 올려요.
5. 풍선을 불 때의 느낌, 노래방에서 열창할 때의 느낌을 말할 때 적용해 보세요.

발표를 시작하기 전에 심호흡을 통해 긴장을 풀고 복식 호흡으로 목소리에 힘을 실어줍니다. 청중과 긴 시간 소통이 필요한 발표에서는 이러한 호흡 관리가 필수적입니다.

발성

발성은 목소리의 울림과 전달력에 중요한 역할을 합니다. 목소리를 지나치게 얇거나 굵게 내지 않고, 자연스럽게 자신의 음역에 맞는 발성을 찾는 것이 중요합니다. 발성이 안정되면 청중에게 명확하고 힘 있는 목소리를 전달할 수 있습니다. 서울아산병원의 발성 치료사이자 SM, YG 엔터테인먼트 보컬 트레이너인 안대성 님은 '공기가 앞으로 잘 전달되면서 성대가 안정적으로 접촉하는 것'이 좋은 발성이라고 했습니다. 발성은 성대가 적절하게 진동하여 공기가 울리는 과정으로, 목소리의 힘을 증가시키는 핵심 요소입니다. 연설을 자주 하는 사람들은 발성을 꾸준히 연습하여 목소리의 깊이와 전달력을 개선합니다.

1. **C-SPOT 기법 (by Morton Cooper):** 명치 부근을 손으로 누르면서 자극해 발성을 교정합니다. 상복부와 후두의 긴장을 풀어주면서 자연스럽게 입 밖으로 공기가 배출되고 발성이 좋아집니다.

2. **턱 쓸어내리기:** 턱을 쓸어내리면서 어금니의 힘을 빼는 기법입니다. 평소에 엄청난 힘을 주고 있는 어금니를 떨어트려서 긴장을 낮춰주면서 목소리를 더 잘 전달되게 됩니다.

3. **후두 위치 확인:** 거울을 보고 말을 하면서 후두(성대가 있는 곳)의 위치가 딸려 올라가는지 확인합니다. 후두가 딸려 올라간다면 소리가 갇히기 때문에 손으로 잡고 내리는 연습으로 공간을 더 넓혀주기.

내 성대에 맞는 톤으로 말하고 있는지 확인하는 간단한 방법

발성을 잘하기 위해서는 성대뿐만 아니라 몸 전체를 사용해야 합니다. 목소리가 자연스럽게 나올 수 있도록 몸의 긴장을 풀고, 성대가 무리하지 않도록 해야 합니다. 과도한 목소리 사용은 성대를 상하게 할 수 있기 때문에, 발표를 준비하면서 충분한 발성 연습과 함께 휴식을 취하는 것이 중요합니다.

발음

발음은 발표에서 매우 중요한 요소입니다. 명확한 발음은 청중이 발표자의 말을 쉽게 이해할 수 있게 하고, 더 나아가 메시지를 명확하게 전달할 수 있도록 돕습니다. 발표 중 중요한 정보나 메시지를 전달할 때는 천천히, 정확하게 발음하는 것이 중요합니다. 빠르게 말하면 발음이 흐려져 청중이 이해하기 어려울 수 있습니다. 특히 강한 메시지를 전달하거나 청중의 주의를 끌고자 할 때는 발음을 더 또렷하고 명확하게 해야 합니다.

손석희 앵커는 뉴스 진행 시 명확한 발음과 정확한 딕션으로 많은 사람들에게 신뢰를 줍니다. 그의 발표 스타일은 특히 발음의 중요성을 보여주며, 내용의 신뢰도와 정보 전달력을 높입니다. 명확한 발음을 위해 발표자는 발표 전에 원고를 천천히 읽으며 발음 연습을 하는 것이 좋습니다. 혼동되는 발음 연습 몇 가지를 알아보겠습니다.

1. 위 VS 이

[위]는 [우] 발음과 연속으로 [이] 소리를 붙여서 발음

예 가위, 바위, 소위, 중위, 대위, 위원회

2. 와 VS 아

[와]는 [오] 발음과 연속으로 [아] 소리를 붙여서 발음

예 확인하고 또 확인하자, 과자, 사과, 빙과, 약과

3. 애 VS 에

[애]는 [에] 보다 입을 더 벌리고, 혀의 위치가 더 아래쪽에서 발음

예 매미, 개미, 애벌레, 테니스, 베이스, 제트기

4. 외 VS 웨, 왜

[외]는 입술을 동그랗게 하고 그 모양을 유지하며 발음

예 국회 회기 내에는 국회의사당 출입을 통제합니다.

5. 3가지 '의' 발음

· 첫음절 : [으이] 연속 발음 예 의심, 의사당, 의미

· 중간, 끝음절 : [이] 발음 예 민의원, 민주주의

· 소유격 : [에] 발음 예 나의, 나라의, 우리의

다이나믹 목소리 연주를 위한 세 개의 버튼

볼륨 버튼: 크게 VS 작게

목소리의 볼륨 조절은 발표의 다이나믹함을 결정짓는 중요한 요소입니다. 큰 목소리는 청중의 주의를 끌고, 작은 목소리는 청중을 집중하게 만듭니다. 중요하고 강조하고 싶은 부분에서는 목소리를 크게 내어 청중이 그 순간에 집중할 수 있도록 하고, 서정적이거나 감정적인 메시지를 전달할 때는 작은 목소리로 더 부드럽고 섬세하게 표현할 수 있습니다. 예를 들어, 유재석 MC는 예능 프로그램에서 때로는 큰 목소리로 에너지를 전달하고, 때로는 작은 목소리로 감동적인 순간을 더욱 부각시키는 능력을 보여줍니다.

청중과의 소통에서 중요한 메시지를 전달하고자 할 때는 목소리를 적절하게 키워서 강조할 수 있습니다. 청중은 큰 목소리에 즉각적인 반응을 보이기 때문에, 목소리의 크기를 통해 메시지를 더 명확하게 전달할 수 있습니다. 반대로 중요한 정보를 전달한 후, 작은 목소리로 이야기를 이어가면 청중의 집중도를 높일 수 있습니다. 작은 목소리는 발표의 긴장감을 주고, 청중이 발표자의 말에 더 집중하게 만듭니다.

컨소시움으로 입찰에 참여할 때, PM이자 제안 발표자였던 파트너사의 G 전무님을 코칭한 적이 있습니다. 100억 원 이상의 대규모 프로젝트였고, 수주 시 중요한 레퍼런스가 될 수 있었기에 많은 관심이 집중된 사업이었죠.

G 전무님은 서울대 출신으로 경력 20년 이상의 업계 전문가였습니다. 발표는 자신감 넘치는 목소리로 진행되었지만, 20분 내내 큰 목소리로 발표하셔서 어떤 부분을 강조하고 싶은지, 어느 부분에 집중해야 하는지 차이가 느껴지지 않았습니다.

이것은 많은 발표자가 겪는 문제입니다. 발표자는 발표 내용이 모두 중요하게 느껴져 모든 부분에 힘을 주곤 합니다. 그러나 그럴 경우 후반부에는 숨이 차고, 듣는 사람도 계속 큰 소리만 들으면 피로해지기도 합니다. 이럴 때 목소리 볼륨을 전략적으로 조절하는 것이 중요합니다. 기본 볼륨을 설정한 후, 강조할 부분만 더 크게 또는 더 작게 조절하여 효과적으로 강조해야 합니다. 모든 부분을 강조하면 강조 자체가 사라진다는 점을 기억하세요!

속도 버튼: 빠르게 VS 느리게

발표에서 속도는 메시지의 긴박함이나 차분함을 표현하는 중요한 요소입니다. 빠르게 말하면 청중에게 에너지와 긴박감을 줄 수 있고, 느리게 말하면 차분하고 신중한 인상을 줄 수 있습니다. 발표 중 빠르게 정보를 전달하는 것은 정보의 흐름을 자연스럽게 이어가는 데 도움이 되고, 느린 속도는 청중에게 여유롭게 생각할 시간을 제공합니다. 속도의 변화는 발표자의 메시지를 다양하게 전달할 수 있는 강력한 도구입니다.

발표의 속도를 조절하는 것은 발표의 분위기를 변화시킬 수 있는 중요한 기술입니다. 중요한 순간에는 속도를 느리게 하여 청중의 집중을 유도하고, 덜 중요한 정보는 빠르게 전달하여 발표를 깔끔하게 마무리할 수 있습니다.

정지 버튼: 멈춤 강조

발표 중 적절한 '멈춤'은 청중에게 큰 영향을 미칩니다. 멈춤을 통해 청중은 중요한 정보를 생각할 시간을 갖게 되고, 발표의 긴장감이 고조됩니다. 중요한 메시지를 전달한 후, 몇 초간 멈추는 것은 그 메시지를 청중에게 더욱 각인시킬 방법입니다.

오프라 윈프리Oprah Gaile Winfrey는 강연 중 중요한 포인트에서 일부러 멈추어 청중에게 깊은 인상을 남깁니다. 그녀의 멈춤은 메시지를 곱씹게 만들고, 여운을 남기는 데 탁월한 효과를 발휘합니다. 발표자가 말을 멈추면, 청중은 그 순간에 집중하게 되고, 그 후 이어지는 말에 더 큰 의미를 부여하게 됩니다.

목소리 연출로 강조 효과 주기

음 높낮이 강조

목소리의 음 높낮이를 변화시키면 발표에서 강조하고 싶은 부분을 효과적으로 전달할 수 있습니다. 높은 음은 흥분이나 강렬함을 표현하는 데 유용하고, 낮은 음은 진지함이나 신뢰감을 주는 데 적합합니다. 청중은 목소리의 높낮이 변화를 통해 발표자의 감정을 쉽게 파악하고, 메시지에 더 감정적으로 연결될 수 있습니다.

예를 들어, 중요한 질문을 던질 때 목소리를 높이면 청중의 주의를 끌 수 있고, 결론을 내릴 때 낮은 음으로 신뢰감을 주면 발표가 더 설득력 있게 마무리됩니다. 이러한 목소리의 높낮이 조절은 발표를 더 생동감 있고 강렬하게 만들며, 청중의 감정적 반응을 끌어낼 수 있습니다.

끊어주기 강조

발표 중 문장을 자연스럽게 끊어서 말하는 기법은 청중의 이해를 돕고, 정보를 효과적으로 전달하는 데 매우 유용합니다. 긴 문장을 끊어 주어 말하면 청중은 각각의 정보가 더 명확하게 구분되며, 전체적인 내용을 쉽게 따라갈 수 있습니다.

발표자가 중요한 메시지를 말할 때, 잠시 멈추고 다시 말하는 것도 강조 효과를 줄 수 있습니다. 이러한 끊어주는 방식은 메시지의 중요성을 부각시키고, 청중의 집중을 높이는 데 도움을 줍니다.

목소리 연출을 잘 활용하면 발표는 단순한 정보 전달의 장을 넘어서, 청중과의 감정적 소통의 순간이 될 수 있습니다. 목소리를 다루는 능력은 발표력을 한 차원 높이는 강력한 도구이며, 꾸준한 연습과 훈련을 통해 누구나 자신만의 강력한 발표 스타일을 만들어 갈 수 있습니다.

쉽고 강력한 메시지 전달법

반복하기

'메라비언의 법칙' 기억나시나요? 말하는 내용 자체는 단 7%밖에 상대방에게 영향을 주지 않는다는 심리학 연구였죠. 발표에서 모든 내용을 청중에게 주입하겠다는 생각은 거의 불가능에 가깝습니다. 정말 핵심적인 내용 한 문장만 기억에 남겨도 성공적인 발표라고 할 수 있습니다. 그렇게 하려면 핵심 내용을 반복해서 강조하는 것이 중요합니다. 반복은 청중의 이해를 돕고, 중요한 메시지를 기억에 남게 하며, 발표자의 의도를 명확하게 전달하는 데 기여합니다. 이를 통해 청중은 발표의 주요 포인트를 명확히 인식할 수 있습니다.

마틴 루터 킹 주니어Martin Luther King Jr의 “I Have a Dream” 연설은 반복을 통해 메시지를 각인시킨 대표적인 사례입니다. 킹 목사는 17분간의 연설에서 “I have a dream”이라는 구절을 8번 반복하며, 미국 사회의 인종 차별 문제와 그가 꿈꾸는 미래를 청중에게 전달했습니다. 이 반복을 통해 청중은 그가 전달하려는 비전을 더 강력하게 받아들였고, 이는 연설의 감동과 영향력을 높이는 데 큰 역할을 했습니다.

반복의 심리적 효과

반복은 청중의 심리에 긍정적인 영향을 미칩니다.

첫째, 정보는 반복될 때 더 쉽게 기억에 남습니다. 발표 중 핵심 메시지를 반복하면 청중은 해당 내용이 중요하다고 인식하고, 그 정보를 더 잘 기억하게 됩니다. 청중이 중요한 메시지를 여러 번 들으면, 무의식적으로 그 메시지에 더 집중하게 되는 효과가 있습니다.

둘째, 반복은 발표에 리듬을 부여해 청중의 몰입을 도울 수 있습니다. 마틴 루터 킹의 연설처럼, 일정한 리듬으로 핵심 메시지를 반복하면 청중이 그 리듬에 맞춰 메시지를 받아들이며, 발표에 더 깊이 몰입할 수 있습니다.

셋째, 반복은 발표자와 청중 사이의 연결을 강화합니다. 발표자가 반복적으로 메시지를 강조하면, 청중은 그 메시지가 발표의 핵심임을 깨닫고 더 주의 깊게 듣게 됩니다. 이를 통해 발표자의 의도가 청중에게 더 명확하게 전달될 수 있습니다.

반복의 전략적 사용

반복을 효과적으로 사용하려면, 발표의 구조 속에서 적절히 배치해야 합니다. 단순히 같은 문장을 계속 반복하는 것이 아니라, 청중의 주의를 집중시키고 메시지를 기억하게 하는 방식으로 반복해야 합니다. 발표의 도입, 중간, 끝에 중요한 메시지를 반복하는 것이 좋은 전략입니다.

첫째, 도입부에서 반복합니다. 발표의 첫 부분에서 핵심 메시지를 처음으로 강조함으로써 청중에게 발표의 목적과 방향을 명확히 알릴 수 있습니다.

둘째, 중간에서 반복합니다. 발표 중간에서는 청중이 발표 내용을 잊지 않도록, 핵심 메시지를 다시 상기시키는 방식으로 반복할 수 있습니다. 이때 약간의 변화를 주어 다른 예시나 관점에서 메시지를 제시하면 청중의 흥미를 유지할 수 있습니다.

셋째, 마무리에서 반복합니다. 발표의 끝부분에서는 다시 한번 핵심 메시지를 반복함으로써 청중이 발표의 주요 내용을 정리할 수 있게 돕습니다. 이를 통해 발표가 끝난 후에도 청중의 기억에 발표의 메시지가 오래 남을 수 있습니다.

예를 들어, 제가 입찰 제안 발표를 할 때도 이 전략을 항상 고려하는 편입니다. 이번 제안에서 '통신망의 보안성'에 대한 배점과 고객의 니즈가 가장 크다면, 그 부분에 대한 차별화 포인트를 핵심으로 가져갑니다. 그리고 '통신망의 보안성'에 대한 내용을 발표 시작 부분에서 한 번, II~III장 본문 쪽에서 두세 번, 마지막 맺음말 부분에서 또 한 번 더 강조하는 편입니다. '꼭 이것만이라도 기억에 남기겠다.'라는 마음으로 핵심 내용을 적절하게 반복해서 강조하는 것이 효과적으로 전달될 때가 많습니다. 듣는 사람의 입장에서도 '아, 저 부분을 가장 중요하게 생각하는구나.'라고 바로 느낄 수가 있습니다.

과도한 반복의 부작용 방지

반복은 효과적인 발표 기법이지만, 과도하게 사용하면 오히려 부정적인 결과를 낳을 수 있습니다. 지나치게 반복하면 청중이 지루함을 느낄 수 있고, 메시지가 단조롭게 들릴 수 있습니다. 따라서 반복을 사용할 때는 적절한 변화를 주는 것이 중요합니다.

예를 들어, 같은 메시지를 반복하더라도 다른 단어나 표현을 사용하거나, 다양한 사례나 비유를 첨가해 청중에게 새로운 방식으로 메시지를 전달할 수 있습니다. 이를 통해 반복의 단조로움을 피하고, 청중의 관심을 유지할 수 있습니다.

또한, 반복을 효과적으로 사용하려면 핵심 메시지를 분명히 정의하고, 이를 발표에서 전략적으로 배치해야 합니다. 각 반복이 자연스럽게 연결되어 발표의 흐름을 방해하지 않도록 주의해야 합니다. 반복은 발표에서 중요한 도구지만, 올바른 타이밍과 변화를 통해 청중이 지루하지 않게 전달하는 것이 핵심입니다.

쉽고, 단순하게

발표를 잘하는 방법의 하나는 바로 청중이 쉽게 이해할 수 있는 언어를 사용하는 것입니다. 발표의 목적은 자기 생각이나 정보를 상대에게 효과적으로 전달하는 것인데, 이때 큰 장애물 중 하나가 바로 어려운 용어와 복잡한 문장입니다. 발표를 듣는 사람들은 다양한 배경과 경험을 가지고 있기 때문에, 누구나 이해할 수 있는 언어로 말하는 것이 중요합니다.

다양한 청중을 고려하라

발표할 때는 청중이 누구인지 파악하는 것이 첫 번째입니다. 그러나 대기업 프레젠테이션이나 공공기관의 발표처럼 다수의 청중이 참여하는 경우, 청중이 어떤 분야에서 일하고 어떤 경험을 가지고 있을지 예상하기 어렵습니다. 경영진부터 실무자, 각기 다른 산업에서 온 전문가들까지 다양한 청중이 발표를 듣게 됩니다. 이때 특정 분야에서만 사용하는 전문 용어를 남발하면, 발표를 이해하지 못하는 청중이 생길 수 있습니다.

예를 들어, IT 전문가들에게는 'API', '클라우드 컴퓨팅' 같은 용어가 익숙할지 모르지만, 비즈니스나 마케팅 쪽에 있는 사람들은 그 용어의 의미를 잘 알지 못할 수 있습니다. 이럴 때 중요한 것은 전문 용어를 피하거나, 반드시 사용해야 한다면 간단한 설명을 덧붙여주는 것입니다. 전문 용어에 대한 간단한 정의를 더하면, 청중의 이해도를 높이고 발표의 흐름을 방해하지 않을 수 있습니다.

쉬운 언어가 곧 더 좋은 전달력이다

어려운 단어를 사용한다고 해서 지식이 깊어 보이는 것은 아닙니다. 오히려 청중이 발표의 핵심 메시지를 이해하지 못하게 만들 수 있습니다. 많은 사람들은 자신의 지식과 전문성을 과시하고 싶은 욕구로 어려운 단어와 복잡한 문장을 사용하지만, 이는 오히려 역효과를 낳을 수 있습니다.

쉬운 말로 전달하는 것이 발표의 본질을 살리고, 더욱 강력한 메시지를 전달할 방법입니다.

LG유플러스 CTO의 W 담당은 한 강연에서 'AI 기술을 설명할 때, 청중의 수준을 항상 고려해야 한다'고 강조했습니다. 그는 AI의 복잡한 알고리즘을 설명할 때도 간단한 비유와 쉬운 언어로 청중이 기술적 지식 없이도 충분히 이해할 수 있도록 설명합니다. 예를 들어, "AI가 데이터를 분석하는 방식은 마치 요리사가 재료를 선별하고 조합하여 맛있는 요리를 만드는 과정과 같습니다"라고 말하며, AI에 익숙하지 않은 청중들도 쉽게 이해할 수 있도록 표현합니다. 이처럼 쉬운 언어는 더 많은 사람들에게 지식과 정보를 전달하는 데 강력한 도구가 됩니다.

핵심 메시지에 집중하라

쉬운 언어를 사용하는 것은 단순히 단어를 쉽게 바꾸는 것만을 의미하지 않습니다. 발표의 핵심 메시지가 무엇인지 명확하게 정의하고, 그 메시지를 전달하기 위해 불필요한 정보나 복잡한 설명을 과감하게 생략하는 것이 중요합니다. 핵심적인 내용을 반복하여 강조하고, 한 문장에 너무 많은 내용을 담지 않도록 주의해야 합니다.

청중의 반응을 확인하라

발표 중간중간 청중의 반응을 살펴보는 것도 중요합니다. 발표가 지나치게 전문적이거나 어려운 용어를 사용할 경우, 청중이 혼란스러워하는 표정이나 집중하지 못하는 모습을 볼 수 있습니다. 이럴 때는 발표의 속도를 조절하고, 설명을 다시 하거나 다른 예시를 사용하여 청중이 이해할 수 있도록 도와야 합니다.

특히, 발표 후 질의응답 시간을 통해 청중의 이해도를 확인하는 것도 좋습니다. 청중이 질문을 통해 자신의 발표를 얼마나 이해했는지 파악할 수 있으며, 질문을 받은 후에는 답변을 더 쉽게 풀어 설명하는 기회를 가질 수 있습니다.

결론적으로 발표에서 쉬운 언어를 사용하는 것은 단순히 청중의 이해도를 높이는 것뿐만 아니라, 발표자의 전달력을 극대화하는 중요한 전략입니다. 다양한 배경을 가진 청중이 모인 자리에서 전문 용어를 피하고, 복잡한 개념을 쉽게 풀어내는 것은 더 많은 사람들과 효과적으로 소통하는 방법입니다. 발표의 목적이 정보를 전달하고 설득하는 것이라면, 쉬운 언어와 간결한 메시지에 집중해야 합니다.

문어체 VS 구어체

발표에서 중요한 요소 중 하나는 바로 말의 '자연스러움'입니다. 구어체와 문어체의 차이를 제대로 이해하지 않으면 발표가 딱딱하고 듣기 어렵게 느껴질 수 있습니다. 구어체는 일상 대화에서 사용하는 언어로, 사람들 간의 소통에 최적화된 표현 방식입니다. 반면 문어체는 글을 쓸 때 사용되는 형식적인 언어로, 서면에서 주로 사용되기 때문에 다소 경직되고 공식적인 느낌을 줄 수 있습니다.

문어체는 발표의 내용이 논리적이고 정확하게 전달되는 데 유리할 수 있지만, 이를 그대로 구어체로 옮기지 못하면 청중에게 멀게 느껴집니다. 예를 들어 "귀하의 협조가 필요합니다" 같은 문장은 문어체로서는 적합하지만, 발표에서는 "여러분의 도움이 필요합니다"와 같은 구어체 표현이 훨씬 자연스럽고 청중의 공감을 끌어낼 수 있습니다.

발표에서 구어체를 사용하는 가장 큰 이유는 청중과의 자연스러운 소통을 위해서입니다. 발표는 단순히 정보를 전달하는 것이 아니라, 청중과 소통하며 그들의 이해를 도와야 하는 과정입니다. 구어체는 이러한 소통을 원활하게 만들어 주고, 청중이 발표자의 말을 이해하고 반응하는 데 도움을 줍니다.

발표를 준비할 때 사람들은 글로 작성된 스크립트를 기반으로 준비하는 경우가 많습니다. 하지만 스크립트를 그대로 읽거나 문어체 그대로 발표를 진행하면, 청중은 발표자와의 거리를 느끼고 발표 내용에 집중하기 어려워집니다. 예를 들어, '시각 및 청각', '강조하여', '설득되어' 등의 문어체를 자주 듣습니다. 구어체로 '시각과 청각', '강조해서', '설득돼'라고 표현하면 훨씬 더 자연스럽고 감정이 실릴 수 있습니다.

구어체로 발표하는 실전 팁

문어체를 사용하는 실수를 줄이기 위해서는 3가지 실전 팁을 기억하면 좋습니다.

1. **짧고 간결하게 표현하기:** 문어체는 종종 긴 문장으로 이어지기 쉽습니다. 그러나 발표에서는 짧고 간결한 문장이 더 효과적입니다. '이것은 우리가 해결해야 할 문제인 것으로 보이도록 합니다' 대신 '이 문제는 우리가 해결해야 합니다'처럼 간단하게 표현하는 것이 구어체로 발표하는 데 도움이 됩니다.

2. **질문형 문장 사용하기:** 청중과의 소통을 강화하려면 질문형 문장을 활용하는 것이 좋습니다. "여러분, 이 문제 어떻게 생각하시나요?"와 같이 청중에게 직접 질문을 던지면 발표에 참여하는 느낌을 주며, 자연스러운 대화 흐름을 유지할 수 있습니다.

3. **'~다'와 '~요' 어미를 섞어 쓰기:** 발표는 공식적인 비즈니스 자리가 많기 때문에 항상 '~다' 어미로만 쓰시는 분이 많습니다. 모든 문장이 '다'로만 끝나면 자칫 부자연스럽고 딱딱하게 들릴 수 있습니다. 아무리 공식적인 자리여도 '~요' 체를 섞어 쓰는 것이 훨씬 자연스럽게 들리고 발표에 더 집중할 수 있게 됩니다. 공식적인 방송인 뉴스데스크도 집중해서 들어보면 '~요' 체를 섞어서 쓰는 걸 볼 수 있습니다. 신뢰감을 주면서도 청중에게 편안하게 몰입할 수 있게 해주는 구어체입니다.

단문으로 말하기

「대화의 정석」 저자이자 말하기 분야 인기 강사인 정흥수(흥버튼) 님은 '짧은 문장으로 말하기'를 반복해서 강조합니다. 정흥수 강사는 짧은 문장이 주는 가장 큰 장점으로 '명확성'을 들었습니다. 사람들은 일반적으로 한 번에 많은 정보를 기억하기 어렵습니다. 너무 긴 문장이나 복잡한 구조는 청중을 혼란스럽게 하며, 결과적으로 중요한 메시지를 놓치게 만듭니다. 특히, 발표의 목적은 메시지를 효과적으로 전달하는 것이므로 불필요한 장황한 설명을 줄이고 핵심만을 간단하게 전달하는 것이 매우 중요합니다.

긴 문장은 청중의 집중력을 요구하며, 종종 불필요한 정보를 포함하게 됩니다. 발표에서 정보를 과도하게 늘어놓으면 청중은 핵심 메시지를 파악하기 어려워지고, 발표자가 전하려는 중요한 내용을 놓치게 됩니다. 또한 긴 문장은 종종 복잡한 구조를 포함하게 되어 문장의 주제나 메시지가 모호해질 수 있습니다. 이는 특히 시간이 제한된 발표 상황에서 큰 문제로 작용할 수 있습니다.

발표에서는 청중의 시간과 인내심이 제한되어 있기 때문에 짧은 문장을 사용하여 핵심만을 전달하는 것이 훨씬 효율적입니다. 예를 들어, "오늘 발표에서 우리는 다섯 가지 주요 내용을 다룰 것입니다"라는 말은 "오늘 다룰 내용은 다섯 가지입니다"처럼 간결하게 말할 수 있으며, 더 직관적으로 다가옵니다.

긴 문장은 불필요한 정보가 많아 청중의 집중력을 떨어뜨릴 수 있습니다. 반면, 짧고 간결한 문장은 청중이 한 번에 이해하기 쉬운 적절한 정보량을 제공합니다. 핵심 메시지를 빠르고 명확하게 전달하는 데는 짧은 문장이 더욱 효과적이죠.

예를 들어, "이 프로젝트의 목표는 시장 분석을 통해 새로운 전략을 수립하고 이를 통해 시장 점유율을 확대하는 것입니다"라는 말을 "우리 목표는 시장 점유율 확대입니다"라고 짧게 표현할 수 있습니다. 이 경우, 청중은 빠르게 핵심 메시지를 파악할 수 있으며, 불필요한 정보에 주의를 분산시키지 않고 본질에 집중할 수 있습니다.

발표의 목표 중 하나는 청중이 발표가 끝난 후에도 핵심 메시지를 기억하게 만드는 것입니다. 문장이 길고 복잡하면 청중이 그 내용을 기억하기 어렵습니다. 반면, 짧고 명확한 문장은 기억에 남기 쉽고, 발표의 영향력을 더 오랫동안 유지합니다.

예를 들어, 스티브 잡스Steven Paul Jobs는 신제품 발표에서 복잡한 기술 설명 대신, "아이폰은 전화기, 음악 플레이어, 그리고 인터넷 기기입니다"라고 매우 간단하게 설명했습니다. 이렇게 간단한 문장은 청중에게 즉각적으로 다가가고, 발표가 끝난 후에도 메시지를 기억하게 만듭니다.

—

질의응답을 지배하는 법

많은 발표자는 발표 자체에는 철저하게 준비하지만, 발표 후 이어지는 질의응답(Q&A) 시간에서는 주저하거나 머뭇거리는 경우가 종종 있습니다. 그 결과, "어… 음…"과 같은 불안한 답변이 나오고, 청중에게 신뢰를 주지 못할 수 있습니다. 발표자는 본문에서는 완벽하게 설명할 수 있지만, 예측할 수 없는 질문들이 나오는 질의응답 시간에서는 다른 차원의 부담감을 느끼게 되며, 심리적인 긴장도 높아집니다.

심리학에서 '최신 효과'라는 이론이 있습니다. 최신 효과는 사람들이 최근에 본 것, 들은 것에 영향을 더 강하게 받는다는 원리입니다. 발표의 초반부에 훌륭한 첫인상을 남기는 것도 중요하지만(초두 효과), 발표가 끝나고 이어지는 질의응답 시간이 마지막 인상(최신 효과)을 결정짓는 중요한 시간이라는 것을 의미합니다. 청중은 발표가 끝난 후의 질의응답을 통해 발표자의 진정한 능력과 신뢰도를 다시 한번 평가합니다.

질의응답 시간은 발표의 연장선에 있으며, 청중이 발표자의 깊은 이해도와 준비성을 확인하는 시간입니다. 따라서 발표가 잘 끝났다고 안심해서는 안 되며, 질의응답까지 잘 마무리해야 비로소 발표가 완성됩니다. 실제로 저 역시 발표를 준비할 때 예상 질문과 답변에 대한 준비 시간을 더 많이 할애하며, 이 시간이 발표 전체의 성공에 중요한 역할을 한다고 믿고 있습니다.

질의응답을 잘하는 법

질문을 따라 말하기

질의응답을 시작할 때, 질문을 받은 후 바로 답변을 시작하기보다는 질문을 따라 말하는 것이 유용할 수 있습니다. 이는 두 가지 중요한 역할을 합니다. 첫째, 질문을 정확하게 이해하고 있다는 점을 질문자와 청중에게 확인시켜 줄 수 있습니다. 종종 질문이 길거나 복잡하게 전달될 수 있기 때문에, 질문의 요점을 잘못 이해하면 엉뚱한 답변을 하게 될 위험이 있습니다. 따라서 '~에 대해서 질문해 주셨습니다. ~에 대해 답변드리겠습니다'와 같은 형태로 질문을 다시 요약하여 말하면, 질문의 핵심을 놓치지 않고 답변할 수 있습니다.

둘째, 질문을 따라 말함으로써 답변을 준비할 시간을 벌 수 있습니다. 이 짧은 순간이지만, 이 시간은 머릿속에서 답변을 정리하는 데 큰 도움이 됩니다. 즉, 시간을 버는 동시에 질문의 의도를 다시 한번 명확하게 확인하는 효과도 얻을 수 있습니다.

질문 칭찬하기

질문에 대한 칭찬은 청중과의 관계를 부드럽게 만드는 좋은 전략입니다. 질문자가 제기한 질문에 대해 '정말 중요한 핵심적인 부분을 질문해 주셔서 감사합니다' 또는 '꼭 체크해야 하는 중요한 부분을 잘 짚어주셨습니다'와 같은 표현을 사용함으로써, 질문자를 존중하는 태도를 보일 수 있습니다. 이는 단순히 질문자를 존중하는 것 이상의 의미를 갖습니다. 발표자가 질문에 대한 가치를 높임으로써, 청중에게도 질문의 중요성과 발표자의 준비성을 다시 한번 강조하는 효과를 가져옵니다.

질문을 칭찬함으로써 긍정적인 분위기를 형성할 수 있고, 긴장감이 흐를 수 있는 발표장에서 작은 칭찬의 표현은 질의응답 시간을 더욱 편안하게 만듭니다. 또한, 발표자가 자신감 있고 성숙한 사람이라는 인식을 심어줍니다.

질문 반복과 칭찬의 조합

질문을 따라 말하는 방법과 질문을 칭찬하는 방법을 조합하여 사용하는 것도 좋은 전략입니다. 예를 들어, '~에 대한 질문을 주셨습니다. 매우 중요한 포인트를 짚어주셨습니다. 그에 대해 답변드리겠습니다'라는 형식으로 두 가지 기법을 함께 사용하면, 질문자와 청중 모두에게 더 좋은 인상을 줄 수 있습니다. 질문자의 질문을 인정하고 존중하면서도, 발표자가 논리적이고 체계적인 사고 과정을 보여줄 수 있기 때문입니다.

부정적인 질문에 대처하는 법

발표 도중에는 항상 긍정적인 질문만 나오는 것은 아닙니다. 때때로 부정적인 의견이나 발표자의 주장에 반대되는 질문을 받게 될 수도 있습니다. 이럴 때 강하게 맞대응하거나 감정적으로 대응하는 것은 절대 좋은 선택이 아닙니다. 청중은 발표자가 어떻게 질문에 대응하는지를 면밀히 관찰하고 있으며, 이런 상황에서 발표자의 대응 방식은 발표의 전체적인 평가에 크게 영향을 미칩니다.

이때 유용한 화법이 바로 'yes-but' 화법입니다. 부정적이거나 반대되는 질문을 받을 때, 우선 긍정적인 반응으로 시작하여 질문자에게 공감하는 모습을 보인 후, 발표자의 입장을 차분하게 설명하는 방식입니다. 예를 들어, "충분히 공감합니다. 하지만…" 또는 "아, 그렇게 생각하실 수 있습니다. 그러나…"와 같은 표현을 사용하여, 질문자의 의견을 존중하면서도 자신의 논리를 펼치는 것이 중요합니다.

이러한 방법은 논쟁을 피하면서도 발표자가 가진 중요한 메시지를 전달할 기회를 제공합니다. 시간이 제한된 발표장에서 논쟁을 길게 끌지 않는 것이 좋습니다. 발표의 전반적인 흐름을 유지하며, 질의응답에서도 긍정적인 분위기를 끝까지 유지하는 것이 중요합니다.

예상치 못한 질문에 대처하는 법

질의응답에서 예측할 수 없는 질문이 나오는 경우도 있습니다. 그럴 때 중요한 것은 절대로 거짓으로 답변하지 않는 것입니다. 무리하게 대답하거나, 거짓으로 답변한다면 발표자의 신뢰도는 급격히 하락할 수 있으며, 비즈니스 상황에서는 심각한 문제가 될 수도 있습니다.

준비되지 않은 질문에 대해서는 솔직하게 인정하고, 대신 대안을 제시하는 것이 좋은 방법입니다. 예를 들어, "그 부분까지 미처 준비하지 못해 죄송합니다. 발표가 끝난 후 3시간 내로 해당 내용을 이메일로 전달해

드리겠습니다"와 같이 답변하지 못한 부분은 어떻게 보완할지 구체적으로 설명하면, 오히려 발표자의 성실함과 책임감을 보여줄 수 있습니다.

이러한 대응 방식은 투명하고 신뢰할 수 있는 발표자라는 인상을 심어줄 수 있으며, 준비되지 않은 질문조차도 발표자의 신뢰도를 높이는 기회로 만들 수 있습니다.

질문 관련 슬라이드로 이동해서 답변하기

질문에 대해 답변할 때, 발표 자료를 활용하는 것도 좋은 방법입니다. 질문자가 구체적인 내용이나 데이터를 물을 때, 해당 내용이 포함된 발표 자료로 바로 이동하여 시각적으로 답변을 보완하면 더 풍부한 답변을 제공할 수 있습니다.

예를 들어,

Q : "프로젝트 팀 멤버별 역할이 구체적으로 어떻게 되나요?"

라는 질문을 받았을 때, 발표자가 준비된 발표 자료의 17페이지에 팀 멤버의 역할이 상세히 설명되어 있다면,

A : "발표 자료 17페이지를 같이 보면서 답변드리겠습니다."

와 같은 식으로 발표 자료를 함께 보며 답변하는 것이 좋습니다. 이렇게 하면 청중이 시각적으로 내용을 확인하면서 더 명확하게 이해할 수 있습니다.

발표를 준비할 때는 주요한 슬라이드의 페이지 번호를 외워두는 것이 큰 도움이 될 수 있습니다. 질의응답 시간에 빠르게 관련 자료를 보여주고 답변하는 능력은 발표자의 준비성과 전문성을 한층 더 부각할 수 있습니다.

예상 질문에 대한 별첨 자료 준비하기

질의응답에서 자주 등장할 것으로 예상되는 질문에 대해서는, 별첨 자료를 미리 준비해 두는 것도 현명한 방법입니다. 발표 중에는 시간이나 흐름으로는 충분히 다루지 못한 부분이 있더라도, 질의응답 시간에 별첨 자료를 활용하여 추가적인 정보를 제공하면 청중에게 만족스러운 답변을 할 수 있습니다.

예를 들어, 실제 고객사 제안 발표 때 준비했던 별첨 전략입니다. 해당 고객은 최근 통신 장애가 여러 번 발생했던 고객이었고 재계약을 위한 제안 발표였습니다. 기존 사업자임에도 불구하고 장애 발생으로 인해 불리한 상황이라고 할 수 있었죠. 그리고 이 부분은 매우 민감하고 중요한 부분이기 때문에 장애 관련 질문이 꼭 나올 것이라 예상하고, 이를 대비해 별첨 자료에 장애 이력과 심각도, 재발 방지 대응 방안에 대해 시각적으로 일목요연하게 준비해 두었습니다. 결국 예상대로 장애 관련 질문이 가장 먼저 나왔고, 이 별첨 자료를 활용해 답변하면서 대응력이 돋보였고, 고객의 신뢰를 얻을 수 있습니다. 그 결과 고객의 불안과 걱정을 해소하고 재계약에 성공할 수 있었습니다.

발표는 단순한 정보 전달을 넘어, 청중과의 소통의 과정입니다. 질의응답 시간은 발표자의 진정성과 역량을 보여줄 수 있는 마지막 무대입니다. 잘 준비된 질문에는 자신감 있게 답하고, 예상하지 못한 질문에는 유연하게 대응하며, 부정적인 질문에도 긍정적인 태도로 응답할 수 있다면, 발표의 완성도를 높이는 데 중요한 역할을 하게 됩니다.

첫인상만큼 끝 인상이 중요하다는 점을 기억하세요. 질의응답에서 발표자의 신뢰도를 높이고, 발표의 완성도를 강화할 소중한 기회입니다. 질의응답을 통해 긍정적인 마무리를 지으면, 청중에게 오랫동안 기억될 발표자가 될 수 있습니다.

—

전쟁터에
총은 필수다

금융권 고객사에서 새로운 솔루션에 대한 제안 요청을 받은 적이 있습니다. 회사에서 주력으로 하던 서비스가 아니었지만, 이번 프로젝트는 회사를 더 넓은 시장으로 이끌 중요한 기회였습니다. 이 제안은 금융권에서 선도적으로 도입하려는 새로운 솔루션이었기에, 대형 고객사의 레퍼런스를 선점하는 것만으로도 향후 다양한 사업 기회와 신뢰를 얻게 될 큰 의미가 있었습니다. 이는 우리 조직에게도 더 큰 성과를 낼 수 있는 발판이 되기에 모든 부서의 전문가들이 힘을 모아 치열하게 준비에 임했습니다.

제안 요청서를 처음 접했을 때부터 팀원들은 각자의 분야에서 최선을 다해 분석에 나섰습니다. 솔루션의 경쟁력을 살리기 위한 전략을 세우고, 예상되는 리스크들을 철저히 점검해 나갔습니다. 프로젝트 매니저인 저는 팀원들의 역할을 조율하며, 제안의 일관성을 유지하는 데 중점을 두었습니다. 각 파트에서 제출된 내용을 종합하고, 고객의 니즈에 맞는 최적의 솔루션을 만들어내기 위해 여러 차례 회의를 진행했습니다. 또한, 고객의 관점에서 우리가 제안하는 솔루션이 어떻게 가치 있는지 명확히 설명할 수 있도록 자료를 보강하는 작업도 병행했습니다.

제안서를 제출한 후 발표까지 남은 며칠 동안, 저와 팀원들은 모든 가능성을 검토하며 완벽한 발표를 준비하기 위해 노력했습니다. 특히 제안 발표 준비를 하면서 저는 제안 요청서를 여러 차례 더 검토하며 미세한 디테일까지 놓치지 않으려 했습니다.

발표를 하루 앞두고 문득 제안요청서 상의 한 문구가 눈에 확 들어왔습니다. '제안사는 제안 발표 시 노트북과 화면 연결 케이블을 반드시 지참해 주시기 바랍니다.' 사실 이런 문구는 제안요청서에 관례로 적혀 있는 경우가 많아서 대부분 무시해도 큰 문제가 없습니다. 실제로 발표 현장에는 케이블이 거의 다 준비되어 있기 때문에 별도로 챙기지 않아도 되는 경우가 많았거든요. 하지만 이번에는 문구가 유독 강조된 느낌이라 마음 한편이 계속 걸렸습니다.

그래서 팀장님께 물어보기로 했습니다.

"팀장님, RFP(제안요청서)에 케이블을 꼭 가져오라고 적혀 있던데, 굳이 안 가져가도 되겠죠?"

그러자 팀장님께서 즉시 고개를 저으며 대답하셨습니다.

"어! 아니야, 상명 씨. 예전에 같은 곳에서 제안 발표한 적이 있었는데, 거기는 진짜 케이블이 잘 안 돼. 그때도 큰 혼란이 있었거든. 그러니까 꼭 챙겨 가는 게 좋아."

팀장님의 말을 듣고 나니 확실히 준비하는 게 맞겠다는 생각이 들었습니다. 곧바로 필요한 케이블을 준비했습니다.

발표 당일, 발표장에 도착해 설치된 기존 케이블을 먼저 연결해 보았는데, 아니나 다를까, 케이블의 연결 상태가 불안정해 화면이 제대로 나오지 않았습니다. 발표 직전에 이런 일이 생겼다면 심장이 덜컥 내려앉았을 것입니다. 하지만 미리 준비한 케이블로 연결하니 화면이 깔끔하게 잘 공유되었습니다. 그 순간 정말 '휴, 천만 다행이다'라는 생각이 들었습니다.

발표가 시작되자 준비한 대로 차분히 설명을 이어갔습니다. 솔루션의 강점과 고객사에 줄 수 있는 혜택을 강조하며 청중과 소통하려고 노력했습니다. 청중의 반응을 보며 준비한 내용이 효과적으로 전달되고 있다는 확신이 들었습니다. 발표가 끝난 후, 성공적인 반응을 느끼며 긴장이 풀리고 안도감도 느꼈습니다. 발표장 밖으로 나오면서, 철저한 준비 덕분에 원하는 대로 잘 마무리할 수 있었다는 생각이 들었습니다.

발표 후, 발표 순서가 다가오는 다른 사업자 팀원들과 복도에서 마주쳤고, 나중에 들은 후문에 의하면, 그 팀은 케이블을 챙기지 않아 현장에서 어려움을 겪었다고 합니다. 결국 다른 케이블을 구하는 데 20분 이상이 걸렸고, 발표가 크게 지연되었다고 합니다. 그 상황에서 발표자는 심리적인 안정감을 잃고 발표에 집중하기 어려웠을 것입니다. 발표 내용도 중요했지만, 준비된 환경이 승리의 중요한 요인 중 하나였다고 확신할 수 있었습니다.

이 경험은 발표 환경에 대한 이해와 준비가 얼마나 중요한지를 확실히 깨닫게 해주었습니다. 이후로 저는 발표를 준비할 때 자료뿐만 아니라 장비에 대한 철저한 점검을 필수로 여기고 있습니다.

발표 자료 백업

발표에는 많은 준비물이 필요하지만, 가장 중요한 것은 발표 자료입니다. 발표 자료는 다섯 가지 방법으로 백업해서 준비합니다. 첫째, 노트북에 발표 자료를 담아 갑니다. 둘째와 셋째, 외장 저장 매체 두 가지(USB A와 C타입)에도 복사합니다. 넷째, 자료를 메일로 보내놓고, 다섯째, 클라우드에 저장해 둡니다. 이렇게 여러 경로로 백업을 준비하는 이유는 돌발 상황에 대비하기 위함입니다.

- 미리 제출한 발표 자료 파일에 문제가 생기는 경우
- 발표장에 비치된 PC에 문제가 생기는 경우
- 지참한 개인 노트북의 파일이 최종 버전이 아닌 경우
- 보안상의 이유로 외장 저장 매체를 사용할 수 없는 경우
- 발표장 내 인터넷 연결이 불가능한 경우
- PC에 USB 포트가 없거나 차단된 경우

이와 같은 상황은 발표 현장에서 실제로 한 번씩 겪어본 것들입니다. 만약 백업을 준비하지 않았다면 매우 난감한 상황이 되었을 것입니다. 다행히 여러 돌발 상황을 대비해 백업을 준비한 덕분에 큰 문제 없이 위기를 넘길 수 있었습니다.

한 번은 대형 콘퍼런스에서 발표를 준비하던 중, 발표장에 준비된

PC가 부팅되지 않는 문제가 발생한 적이 있었습니다. 그때 외장 저장 매체에 백업한 자료 덕분에 다른 PC로 교체해 무사히 발표를 진행할 수 있었습니다. 왜 여러 형태로 발표 자료를 준비해야 하는지를 몸소 깨달은 경험이었습니다.

무선 프리젠터

두 번째로 중요한 준비물은 무선 프리젠터입니다. 전쟁에 나갈 때 총이 필수이듯, 발표장에 갈 때 무선 프리젠터는 필수입니다. 발표 자료가 무사히 실행된다면, 다음으로 중요한 것은 발표력을 극대화시켜 줄 무선 프리젠터입니다. 이 역시 중요한 도구인 만큼, 스페어를 지참하고 여분의 건전지도 항상 준비합니다.

프리젠터가 꼭 필요한 이유

첫째, 발표자의 동선이 자유로워집니다. 발표자는 청중과 소통하며 자료와도 한 몸이 되어 자연스러운 발표를 해야 합니다. 발표장을 이동하면서 청중과 가까운 거리에서 소통할 필요가 있으며, 발표 자료의 중요한 부분을 직접 짚어줄 필요도 있습니다. 만약 키보드로 슬라이드를 넘긴다면, 이러한 동선에 제약이 생길 수밖에 없습니다.

둘째, 발표자가 생각하는 적정한 타이밍에 슬라이드를 이동할 수 있습니다. 발표자 외에 슬라이드를 넘겨주는 오퍼레이터가 있다면 타이밍을 맞추기 위한 연습이 필요하고, 발표자가 의도한 완벽한 타이밍에 슬라이드를 넘기는 것이 어려울 수도 있습니다. 한 번은 다른 팀의 발표를 도와줄 때 오퍼레이터 역할을 맡아본 적이 있습니다. 발표자와 함께 여러 차례 리허설을 했음에도 불구하고, 발표자가 지시하는 순간에 정확히 슬라이드를 넘기기가 쉽지 않았습니다. 무선 프리젠터를 사용하면 발표자가 원하는 타이밍에 슬라이드를 넘길 수 있어, 발표가 더욱 자연스럽게 진행될 수 있습니다.

셋째, 청중의 집중력을 높일 수 있습니다. 무선 마우스를 사용하는 분들도 가끔 있지만, 마우스는 크기가 커서 발표자가 편안하게 잡는 느낌을 주지 못합니다. 또한 아래쪽에서 나오는 레이저 불빛이나 클릭 소리는 청중의 집중을 방해할 수 있습니다. 실제로 한 번 발표장에서 무선 마우스를 사용하던 발표자가 클릭 소리가 지나치게 커서 청중의 신경을 분산시키는 상황을 목격한 적이 있습니다. 이런 점에서 무선 프리젠터는 발표자의 손에 맞게 설계되어 있어 발표에 방해 없이 집중할 수 있도록 도와줍니다.

프리젠터 선택 기준

지금까지 10가지 이상의 다양한 프리젠터를 사용해 보았습니다. 그중 메인으로 사용하는 제품은 8년째 쓰고 있으며, 스페어 제품도 세 가지 정도 구비하고 있습니다. 발표할 일이 잦은 분이라면 하나의 제품을 꾸준히 사용해 손에 익숙하게 만드는 것이 중요합니다. 어색하거나 불편하면 발표에 방해가 될 수 있기 때문입니다.

팀에 새로 온 L 님이 발표 데뷔를 앞두고 저에게 물어본 적이 있습니다.

"상명 님, 프리젠터는 어떤 걸 사는 게 좋을까요?"

제가 가지고 있는 여러 프리젠터를 쥐어보라고 하고, 가장 편한 것을 선택하도록 했습니다. 프리젠터의 디자인이 손에 잘 맞는지가 가장 중요합니다. 손 크기나 선호도에 따라 편안한 것을 선택하는 것이 좋습니다. 손이 큰 사람이 얇은 프리젠터를 사용하면 그립이 좋지 않아 미끄러지거나 떨어뜨릴 수 있습니다.

기능의 종류도 중요한 선택 기준입니다. 기능이 너무 많고 버튼이 많으면 발표 중 실수로 잘못 누를 가능성이 커집니다. 매끄러운 진행이 중요한 발표에서는 단순한 프리젠터를 추천해 드리며, 장시간 강의 시에는 다양한 기능을 가진 제품이 도움이 될 수 있습니다. 슬라이드쇼, 볼륨 조절,

블랙 화면, 자이로 마우스 기능 등이 포함된 제품도 있습니다.

발표를 자주 하지 않거나, 스페어가 필요한 분께는 다이소 프리젠터를 추천드립니다. 무선 프리젠터는 보통 2만 원 이상이지만, 다이소 제품은 5천 원에 구매할 수 있고 성능도 아주 괜찮습니다. 저도 스페어로 잘 활용하고 있습니다.

레이저 포인팅을 쓰지 않는 이유

대전에서 발표자 J 님이 저에게 전화를 걸어왔습니다.

"상명 님, 레이저 포인터는 어떻게 하면 잘 쓸 수 있을까요?"

저는 솔직히 답했습니다.

"음, 사실 저는 레이저 포인터를 사용하지 않는 걸 더 추천드려요"

프리젠터에 레이저 포인터 기능이 포함된 경우가 많지만, 발표 시에는 되도록 사용하지 않는 것이 좋습니다.

그 이유는 첫째, 레이저 포인터로 정확하게 지점을 찍기가 어려워 포인터가 흔들리게 되고, 오히려 청중의 집중력을 떨어뜨릴 수 있기 때문입니다. 발표자가 포인팅에 신경을 쓰게 되면 발표 내용에 방해가 될 수도 있습니다.

둘째, 최근 발표장에서는 빔 프로젝터와 스크린 대신 대형 디스플레이를 사용하는 경우가 많습니다. 이 경우, 레이저 포인터가 디스플레이 화면에서 보이지 않기 때문에 사용해도 효과가 없습니다. 대신, 발표자가 직접 이동하면서 팔을 뻗어 "오른쪽 위를 보시면"이라고 말하는 것이 더 효과적입니다.

발표 시간 관리는 생명이다

대학교 통신망 입찰 제안 발표에 참여했던 적이 있습니다. 이 경험은 시간 관리의 중요성을 뼈저리게 느끼게 해준 소중한 교훈이었습니다. 제안요청서와 공고문에는 발표 시간이 15분으로 명시되어 있었고, 우리 팀은 이에 맞춰 준비했습니다. 발표 당일, 긴장된 마음으로 발표장에 도착해 마지막으로 자료를 검토하며 발표 흐름을 정리하고 있었죠

대기실은 긴장감이 감돌았고, 경쟁사 발표 팀과 멀찍이 떨어져 앉아 있었지만, 서로를 의식할 수밖에 없었습니다. 겉으로는 평온해 보이려 했지만, 내심으로는 상대방의 움직임에 신경이 곤두서 있었습니다. 이런 상황에서 마음을 다스리는 것도 중요한 능력이라는 생각이 들었습니다.

발표 직전, 심장이 마구 뛰는 것을 느꼈고, 깊은 심호흡을 하며 떨리는 마음을 진정시키려 했습니다. 긴장감은 자연스러운 것이며, 적당한 긴장감이 발표 집중도를 높여준다고 자신을 다독였지만, 그 마음가짐도 곧 흔들리게 될 줄은 몰랐습니다.

결국, 예상치 못한 일이 발생했습니다. 학교 관계자분이 급하게 대기실로 들어오셔서 중요한 공지를 전달했습니다. "죄송합니다. 시간 관계상 발표 시간을 10분으로 줄여야 합니다. 사업자별로 발표 시간이 10분을 넘지 않도록 발표 진행 부탁드리겠습니다." 이 말을 듣는 순간, 모든 참가자의 얼굴에 당혹감이 역력했습니다.

갑작스러운 변경 사항에 당황했지만, 곧 마음을 다잡았습니다. 사실 이런 상황에서 진정한 실력이 발휘된다고 생각하며 긍정적인 마음가짐을 유지하려 했습니다. 이런 상황에서 가장 빛을 발하는 것은 바로 스토리 중심의 발표 준비입니다. 단순히 정보를 나열하는 것이 아니라, 전체적인 흐름과 핵심 메시지를 중심으로 구성된 발표는 시간이 줄어들더라도 그 본질을 잃지 않고 전달할 수 있습니다. 또한, 스크립트를 기계적으로 외우지 않고 핵심 내용을 자연스럽게 전달할 수 있는 능력이 중요한 순간이었습니다. 15분에서 10분으로, 3분의 1이나 시간이 줄어든 상황에서는 과감한 결단이 필요했습니다. 저는 빠르게 다음과 같은 전략을 세웠습니다.

- ✔ 모든 슬라이드 내용을 간결하게 줄이기
- ✔ 중요도가 낮은 슬라이드는 과감히 생략하기
- ✔ 핵심 메시지와 주요 논점에 집중하기

이러한 전략을 바탕으로 발표 내용을 재구성하는 데는 몇 분밖에 걸리지 않았습니다. 평소 발표 준비에서 내용의 우선순위를 명확히 해두었기 때문에 큰 도움이 되었습니다. 중요한 내용과 미리 부가적인 내용을 구분해 두었기에 빠르게 선택할 수 있었습니다.

발표 전, 시간 관리를 위한 또 다른 중요한 준비를 했습니다. 아이패드를 눈에 잘 띄는 곳에 배치하고 타이머 앱을 실행한 것입니다. 발표장 안에 벽시계가 있었지만, 발표에 몰입하다 보면 시계를 보는 것 자체가 쉽지 않습니다. 또한 아날로그 시계의 경우 시작 시간을 기억하고 경과 시간을 계산해야 하는 번거로움이 있었습니다. 디지털 타이머를 사용하여 보다 직관적이고 효율적으로 시간을 관리할 수 있습니다.

이러한 준비와 전략 덕분에 10분이라는 제한된 시간 안에 핵심 내용을 모두 전달하면서도 전체적인 발표의 흐름을 유지할 수 있었습니다. 발표를 마치고 나서야 안도의 한숨을 쉴 수 있었습니다. 하지만 동시에 시간 관리의 중요성을 다시 한번 절실히 느꼈고, 만약 시간 관리에 실패했다면 어떤 결과가 있었을까요?

두 가지 시나리오를 고려해 볼 수 있습니다.

1. **시간 초과:** 결론까지 도달하지 못하고 중간에 발표가 강제로 종료되는 경우입니다. 이는 준비가 미흡했다는 인상을 주며, 가장 중요한 결론을 전달하지 못하게 됩니다.

2. **시간 미달:** 반대로 시간을 너무 의식한 나머지, 내용을 과도하게 줄여 핵심 메시지마저 전달하지 못하고 시간이 남는 경우입니다. 이 역시 준비 부족으로 비춰질 수 있으며, 중요한 정보가 누락될 위험이 있습니다.

두 경우 모두 평가에서 큰 감점을 초래할 수 있습니다. 극단적인 경우, 탈락의 사유가 될 수도 있습니다. 따라서 시간 관리는 단순히 주어진 시간을 지키는 것 이상의 의미를 가지며, 효과적인 메시지 전달과 직결되는 핵심 요소입니다.

위 사례는 발표 시간이 급변한 극단적인 상황이지만, 일반적인 발표에서도 시간 관리의 중요성은 동일합니다. 준비 시간이 주어졌음에도 시간을 관리하지 못하면 발표자의 능력에 대한 의구심이 생길 수 있습니다.

시간 관리는 발표 속도를 조절하는 것을 넘어, 청중의 집중과 이해를 고려해 핵심 메시지를 효과적으로 전달하고 예상치 못한 상황에 유연하게 대처하는 능력입니다. 이는 발표의 성패를 좌우합니다.

시간 관리 핵심 3가지

그렇다면 실전에서 시간을 어떻게 관리할까요? 제가 경험한 시간 관리의 세 가지 핵심 요령을 소개하겠습니다.

철저한 사전 준비와 리허설

효과적인 시간 관리의 첫걸음은 철저한 사전 준비입니다. 이는 발표 내용을 숙지하는 것을 넘어 실제 발표 환경을 재현한 리허설까지 포함합니다.

먼저, 발표 내용을 준비할 때 전체 구조와 섹션별 예상 소요 시간을 명확히 설정해야 합니다. 이때 중요한 것은 단순히 슬라이드 수로 시간을 배분하는 것이 아니라, 각 내용의 중요도와 복잡성을 고려하여 시간을 할당하는 것입니다. 예를 들어, 핵심 제안이나 복잡한 기술 설명에는 더 많은 시간을, 간단한 소개나 마무리에는 상대적으로 적은 시간을 배정할 수 있습니다.

리허설은 최소 3회 이상 실시하는 것이 좋습니다. 첫 번째 리허설에서는 전체 흐름을 점검하고, 두 번째에서는 시간 배분을 세부적으로 조정합니다. 마지막 리허설에서는 실제 발표와 동일한 환경에서 최종 점검을 합니다. 이때 타이머를 사용하여 정확한 시간 측정을 하고, 가능하다면 동료나 멘토에게 피드백을 요청하는 것도 좋은 방법입니다.

또한, 예상치 못한 상황에 대비하여 '플랜 B'를 준비하는 것도 중요합니다. 시간이 부족할 경우 과감히 생략할 수 있는 부분을 미리 정해두거나, 반대로 시간이 남을 경우 추가로 다룰 수 있는 내용을 준비해 두는 것입니다. 이러한 준비는 실제 발표 상황에서 유연하게 대처할 수 있는 자신감을 줍니다.

시각적 시간 관리 도구 활용하기

발표 중 시간을 효과적으로 관리하기 위해서는 적절한 도구의 활용이 필수적입니다. 앞서 언급한 것처럼, 아이패드나 스마트폰의 타이머 앱은 매우 유용한 도구입니다. 하지만 이를 더욱 효과적으로 활용하는 방법이 있습니다.

먼저, 단순히 전체 시간을 측정하는 것에 그치지 않고, 섹션별로 예상 종료 시각을 미리 설정해 둡니다. 예를 들어, 15분 발표의 경우 도입부 2분, 본론 Part 1은 5분, Part 2는 6분, 결론은 2분과 같이 구체적으로 나누는 것입니다. 이를 타이머 앱에 미리 입력해 두면, 발표 중 각 섹션의 종료 시점을 명확히 인식할 수 있습니다.

또 다른 방법은 '수신호'를 활용하는 것입니다. 이는 동료의 도움을 받아 구현할 수 있는데, 예를 들어 5분이 남았을 때는 다섯 손가락을 펼쳐 보여주고, 1분이 남았을 때는 한 손가락만 보여주는 것으로 정합니다. 동료가 이 수신호를 적절한 시점에 보여줌으로써 발표자는 청중의 시선을 거스르지 않고도 시간 상황을 파악할 수 있습니다. 발표자는 청중과의 소통에 집중하고 있기 때문에 동료는 발표자가 인지할 수 있도록 청중을 방해하지 않는 선에서 최대한 큰 동작으로 보여줄 필요가 있습니다.

더 나아가, 발표자가 볼 수 있는 프롬프터 화면이 있는 환경인 경우 파워포인트의 [발표자 보기] 기능을 활용하는 것도 좋은 방법입니다. 이 기능을 사용하면 현재 슬라이드, 다음 슬라이드, 발표 노트와 함께 경과 시간을 한 화면에서 모두 확인할 수 있습니다. 이를 통해 내용 전달과 시간 관리를 동시에 효과적으로 할 수 있습니다.

중요한 것은 이러한 도구들을 사용하는 데 익숙해지는 것입니다. 리허설 단계에서부터 이 도구들을 활용하여 연습함으로써, 실제 발표 상황에서도 자연스럽게 시간을 관리할 수 있게 됩니다.

유연한 콘텐츠 조절 능력 개발하기

마지막으로, 가장 중요한 것은 발표 중 상황에 따라 콘텐츠를 유연하게 조절할 수 있는 능력입니다. 이는 단순히 말의 속도를 조절하는 것을 넘어, 내용의 깊이와 범위를 실시간으로 조정할 수 있는 능력을 의미합니다.

이를 위해서는 먼저 발표 내용의 우선순위를 명확히 설정해야 합니다. 핵심 메시지와 반드시 전달해야 할 정보, 그리고 상황에 따라 생략하거나 간략히 다룰 수 있는 부가 정보를 구분해 두어야 합니다. 이러한 구분은 발표 준비 단계에서부터 이루어져야 하며, 리허설을 통해 여러 번 연습해 보는 것이 중요합니다.

시간이 부족한 경우, 부가 정보를 과감히 생략하거나 핵심만을 간략히 언급하고 넘어갈 수 있어야 합니다. 반면, 시간이 예상보다 많이 남은 경우에는 준비해 둔 추가 설명이나 사례를 통해 내용을 보강할 수 있어야 합니다. 이때 중요한 것은 이러한 조절이 자연스럽게 이루어져야 한다는 점입니다. 청중이 발표 내용이 축소되거나 확장되었다는 것을 느끼지 못하도록 해야 합니다.

또한, 질의응답 시간을 유동적으로 활용하는 것도 좋은 방법입니다. 시간이 부족한 경우 "자세한 내용은 질의응답 시간에 다루도록 하겠습니다"라고 말하며 넘어가고, 실제 질의응답 시간에 해당 내용을 보충 설명할 수 있습니다. 반대로 시간이 남는 경우에는 "혹시 지금까지의 내용에 대해 질문이 있으신가요?"라고 먼저 물어보며 상호작용의 기회를 만들 수 있습니다.

유연한 콘텐츠 조절 능력은 시간 관리뿐만 아니라, 청중의 반응과 이해도에 맞춰 발표 내용을 실시간으로 최적화하는 능력입니다. 청중의 관심이 집중되는 부분은 확장하고, 덜 중요한 부분은 간략히 다루면 발표 효과를 극대화할 수 있습니다.

이 능력을 개발하려면 지속적인 연습과 경험이 필요합니다. 다양한 상황을 가정한 리허설과 실제 발표 경험을 통해 이를 체득하고, 매 발표마다 시간을 관리한 후 평가와 개선을 거쳐 점차 향상시킬 수 있습니다.

결론적으로, 발표에서의 시간 관리는 단순히 시간을 맞추는 것이 아니라, 주어진 시간 내에 최대한의 효과를 내는 것입니다. 이는 청중에게 핵심 메시지를 효과적으로 전달하는 과정으로, 철저한 준비와 리허설, 시각적 도구 활용, 유연한 콘텐츠 조절 능력이 핵심 요소입니다.

마지막으로 강조하고 싶은 것은, 시간 관리 능력은 지속적인 연습과 경험을 통해 향상된다는 점입니다. 완벽한 시간 관리는 없습니다. 때로는 예상치 못한 상황으로 인해 계획대로 되지 않을 수도 있습니다. 중요한 것은 그러한 경험을 통해 배우고, 다음 발표에 그 교훈을 적용하는 것입니다. 각각의 발표를 하나의 학습 기회로 여기고, 꾸준히 자신의 능력을 개선해 나간다면, 결국에는 어떤 상황에서도 효과적으로 시간을 관리하며 탁월한 발표를 할 수 있게 될 것입니다.

다양한 발표 시간 형식

발표를 준비할 때 시간 제약은 항상 중요한 요소입니다. 발표 시간이 짧거나 긴 것에 따라 전략도 달라지며, 각 시간 형식에 맞는 발표는 고유의 특성과 도전 과제를 가지고 있습니다. 몇 가지 대표적인 발표 시간 형식을 소개하고, 제가 직접 참여한 경험을 공유하겠습니다.

엘리베이터 스피치 (Elevator Speech): 30초~2분

엘리베이터 스피치는 아주 짧은 시간 안에 핵심 메시지를 전달하는 발표 형식입니다. 일반적으로 30초에서 2분 정도의 시간이 주어지는데, 짧은 시간 안에 내용을 줄여 말하는 것이 굉장히 어렵습니다. 중요한 내용을 담되 불필요한 정보를 배제해야 하기 때문입니다.

특징 및 주의 사항: 엘리베이터 스피치의 특징은 단시간에 청중의 관심을 사로잡아야 한다는 점입니다. 메시지는 간결하고 명확해야 하며, 핵심 포인트를 빠르게 전달해야 합니다. 준비할 때는 불필요한 설명을 배제하고 필수적인 내용만 남기는 것이 중요합니다. 짧은 시간 안에 집중적인 전달력을 발휘해야 하기 때문에 목소리와 제스처의 임팩트가 필수적입니다.

논문 발표 (3MT): 3분

3분 논문 또는 3MT(Three Minute Thesis)는 대학원생들이 자신의 연구를 3분 안에 비전문가 청중에게 설명하는 발표 형식입니다. 이 형식은 2008년 호주 퀸즐랜드 대학교에서 시작되어 현재는 전 세계적으로 널리 사용되고 있습니다. 전문 분야를 비전문가에게 설명해야 하므로 전문 용어를 배제하고 누구나 알 수 있는 쉬운 말로 풀어서 표현하는 것이 관건입니다. 이 부분은 비단 논문 발표 때뿐만 아니라, 언제나 모든 말하기에서 중요한 부분이기도 합니다.

특징 및 주의 사항: 3MT의 핵심은 복잡한 연구 내용을 간단하고 이해하기 쉽게 전달하는 것입니다. 시각 자료는 단 한 장의 정지된 슬라이드만 허용되므로, 말로써 청중의 이해를 돕는 능력이 중요합니다. 또한, 연구의 배경, 방법, 결과, 그리고 그 중요성을 균형 있게 다뤄야 합니다. 시간 제한이 엄격하므로 정확히 3분에 맞춰 발표를 마치는 연습도 필요합니다.

이그나이트 (Ignite): 5분

이그나이트는 독특한 발표 방식 중 하나로, 2006년 미국 시애틀에서 시작됐습니다. 이그나이트의 목적은 발표자가 자신의 아이디어나 열정을 간결하고 강렬하게 전달하는 것입니다. '불을 붙이다'라는 뜻의 'ignite'라는 이름에서 알 수 있듯이, 청중들의 호기심과 관심에 불을 지피는 것이 주요 목표입니다. 20장의 슬라이드가 각각 15초씩 자동으로 넘어가며 총 300초(5분) 동안 발표가 진행됩니다.

저는 2017년에 국내에서 열린 이그나이트 발표 행사에 참여했었는데, 슬라이드와의 호흡을 맞추는 것이 가장 큰 도전이었습니다. 자동으로 슬라이드가 넘어가기 때문에 제 발표 속도가 맞지 않으면 전체 흐름이 어긋나버리기 때문입니다. 발표 연습 중 슬라이드에 맞춰 시간을 조절하고 내용의 밀도를 조절하는 연습을 반복했던 기억이 납니다.

이그나이트의 경우 슬라이드마다 균형 잡힌 내용을 담아야 합니다. 예를 들어, 한 슬라이드에 너무 많은 정보를 담아버리면 발표자가 이를 제시간 안에 소화하기 어렵고, 청중도 내용을 제대로 이해하지 못할 수 있습니다.

특징 및 주의 사항: 이그나이트 발표의 핵심은 슬라이드와 발표자 간의 완벽한 타이밍 조절입니다. 슬라이드마다 핵심 메시지를 하나씩 전달하며, 내용이 과도하지 않도록 주의해야 합니다. 슬라이드의 이미지나 키워드가 청중의 이해를 돕는 역할을 하도록 구성하는 것도 중요합니다.

토스트마스터 국제 연설 대회: 7분

토스트마스터 국제 연설 대회는 전 세계적으로 유명한 대회로, 참가자들의 대중 연설 능력을 향상시키고 리더십을 개발하는 것을 목표로 합니다. 이 대회의 연설 시간은 5분에서 7분 사이이며, 보통 7분을 기준으로 합니다.

유튜브에서 이 대회의 수상자 연설을 쉽게 찾아볼 수 있으며, 저 또한 종종 찾아보고 배우고 분석하기도 합니다. 토스트마스터 국제 연설 대회는 발표 자료가 없이 진행되기 때문에 오로지 발표자에게 집중되는 형식입니다. 그렇기 때문에 청중과의 눈 맞춤, 적절한 제스처, 목소리의 변화 등 비언어적 요소가 특히 중요하게 다뤄집니다.

특징 및 주의 사항: 토스트마스터 연설은 내용의 구성, 전달력, 언어 사용, 목소리, 제스처 등 다양한 측면에서 평가됩니다. 따라서 단순히 정보를 전달하는 것을 넘어서 청중을 설득하고 감동하게 할 수 있는 능력이 필요합니다. 또한, 시간 제한이 엄격하여 5분 30초에서 7분 30초 사이에 발표를 마쳐야 하므로, 정확한 시간 관리가 중요합니다.

피치 데크 또는 공모전: 10분

피치 데크나 공모전 발표는 보통 10분 내외의 시간이 주어집니다. 이는 아이디어나 사업 계획을 투자자나 심사위원에게 소개하는 데 적합한 시간입니다. 10분이라는 시간은 핵심 내용을 충분히 설명하면서도 청중의 집중력을 유지할 수 있는 적절한 길이입니다.

스타트업 대표님들의 발표를 종종 도와주곤 합니다. 보통 10분 동안 혁신적인 아이디어를 소개하고 비즈니스 모델을 설명해야 하는데, 이 과정에서 가장 중요했던 점은 투자자(심사위원)의 관점에서 발표를 구성하는 것이었습니다. 아이디어의 독창성, 시장성, 실현 가능성 등을 논리적으로 제시하면서도, 청중의 흥미를 끌 수 있는 요소들을 적절히 배치하는 데 주력했습니다.

특징 및 주의 사항: 피치 데크나 공모전 발표에서는 명확한 문제 정의, 혁신적인 솔루션 제시, 시장 분석, 비즈니스 모델, 팀 역량 등을 균형 있게 다뤄야 합니다. 시각 자료(슬라이드)의 활용이 중요하며, 데이터나 그래프를 효과적으로 사용하여 주장을 뒷받침해야 합니다. 또한, 예상 질문에 대비한 준비도 필수적입니다.

세상을 바꾸는 시간, 15분 (세바시)

'세상을 바꾸는 시간, 15분'은 한국의 대표적인 강연 플랫폼으로, 15분 동안 자신의 이야기를 풀어내는 형식입니다. 이 시간은 길게도, 짧게도 느껴질 수 있으며, 논리적으로 잘 구성하면 효과적입니다.

청중에게 영감을 주려면 스토리텔링이 중요하며, 기승전결을 명확히 하고, 다양한 예시와 비유를 활용해 감정을 자극하는 것이 효과적입니다.

특징 및 주의 사항: 15분이라는 시간은 적당한 길이로, 청중과 깊이 있는 공감을 끌어낼 기회를 제공합니다. 발표자는 15분 동안 청중의 감정을 유지하고, 자신의 메시지를 명확히 전달할 수 있는 구성을 고민해야 합니다. 시간 배분에 주의하고, 너무 많은 정보를 전달하지 않도록 하는 것이 중요합니다.

TED 강연: 18분

TED는 전 세계적으로 유명한 강연 플랫폼으로, 주어진 시간은 18분입니다. 18분이라는 시간은 인간의 집중력을 최대한 유지할 수 있는 시간으로 알려져 있으며, 이를 통해 깊이 있는 아이디어를 전달할 수 있습니다. TED 강연은 청중에게 새로운 인사이트를 제공하거나 깊이 있는 질문을 던지는 형식으로 구성됩니다. 저도 언젠가 TED 무대에 서보는 것이 꿈입니다.

특징 및 주의 사항: TED 강연은 명확한 메시지와 강력한 스토리텔링이 중요합니다. 발표자는 청중에게 새로운 관점을 제공하고, 강렬한 인상을 남길 수 있는 이야기를 준비해야 합니다. 18분이라는 시간이 길다면 길지만, 전달하고자 하는 메시지가 명확해야 그 시간 안에 효과적으로 청중에게 도달할 수 있습니다.

발표는 주어진 시간에 따라 그 형식과 전략이 달라집니다. 짧은 시간의 발표는 핵심을 명확히 전달하는 것이 중요하고, 긴 시간의 발표는 청중의 감정을 유지하며 깊이 있는 이야기를 전달하는 것이 중요합니다. 각 발표 형식에 맞는 특징과 주의 사항을 이해하고, 이에 맞춰 준비하는 것이 성공적인 발표의 열쇠입니다.

—

비대면 발표에서 살아남기

2019년 팬데믹 이후, 비대면 소통은 빠르게 자리 잡으며, 학교 수업, 업무 회의, 제안 발표 등 거의 모든 분야에서 표준적인 방식이 되었습니다. 이와 함께 비대면 발표를 위한 프로그램, 인프라, 장비도 필수 요소로 자리 잡았습니다. 팬데믹이 잦아든 후에도 온라인으로 비대면 발표의 효율성과 편리성은 여전히 유지되고 있습니다. 예를 들어, 조달청의 나라장터 공공 입찰은 일정 규모 이상에서 비대면 발표가 표준 절차로 자리 잡았고, 많은 기업은 일부 취업 면접을 여전히 화상 회의로 진행하고 있습니다. 앞으로도 이러한 흐름은 지속될 가능성이 높기 때문에 비대면 발표에 대한 철저한 준비가 필요합니다.

비대면 발표의 장점과 단점을 잘 숙지해야 합니다. 비대면 발표 시 스크립트를 활용하는 것은 장점이지만, 그 함정에 빠져서는 안 됩니다. 많은 발표자가 스크립트를 책상 위에 두고 보기 때문에 시선이 아래로 향하고, 이는 마치 눈을 감고 발표하는 듯한 인상을 줄 수 있습니다. 스크립트를 참고할 때는 카메라 근처에 두어 시선이 자연스럽게 카메라를 향하도록 해야 합니다.

또한, 스크립트를 그대로 읽는 듯한 딱딱한 발표는 청중에게 부자연스럽게 느껴질 수 있습니다. 스크립트는 구어체로 작성되어야 하며, 발표는 글을 읽기보다는 말하는 듯한 자연스러운 톤으로 진행되어야 합니다.

비대면 발표의 단점 중 제한된 시각적 한계를 보완하기 위해 노력해야 합니다. 카메라 앵글 내에서 손동작을 과감하게 사용하여 의도를 전달하고, '지금 보시는 화면의 오른쪽을 보시면', '화면 중앙에 먼저 주목해 주세요'와 같은 구체적인 표현으로 다른 공간에 있는 청중에게 쌍방향으로 소통하고 있다고 느끼게 하면 더 효과적입니다.

비대면 발표 장점

스크립트 활용 가능

발표자는 프롬프터, 모니터, 태블릿, 출력물 등 다양한 장치를 활용해 스크립트를 참고할 수 있으며, 이를 통해 긴장감을 줄이고 발표를 더욱 자연스럽게 진행할 수 있습니다.

발표 준비 부담 감소

비대면 발표에서는 상반신만 화면에 비치기 때문에 전신 움직임이나 동선에 신경 쓸 필요가 없습니다. 복장도 상의만 신경쓰면 되므로 발표자가 준비할 요소가 줄어듭니다.

시공간의 제약 극복

대면 발표는 이동 시간과 대규모 공간이 필요하지만, 비대면 발표는 각자 다른 장소에서 즉시 접속할 수 있어 다양한 시간대의 참석자도 참여할 수 있습니다.

무대 공포감 감소

청중과 직접 대면할 때의 심리적 부담을 덜 수 있습니다. 카메라를 응시하면서 발표하면 대면 발표에서 느낄 수 있는 울렁증을 줄일 수 있습니다.

비대면 발표 단점

복잡한 환경 요소 준비

비대면 발표는 인터넷 연결 상태, 카메라와 마이크, 스피커의 정상 작동 여부, 주변 소음 등 다양한 환경 요소의 사전 준비가 필수입니다. 이 과정은 대면 발표보다 더 복잡할 수 있습니다.

청중 반응 확인의 어려움

대면 발표에서는 청중의 눈빛과 표정을 통해 즉각적인 반응을 확인하고 발표의 강약을 조절할 수 있지만, 비대면 발표에서는 화면 너머의 반응을 파악하기 어려워 발표자에게 심리적 불안감을 초래할 수 있습니다.

제한된 시각적 요소 활용

제스처와 표정을 통한 다양한 표현이 제한됩니다. 대면 발표에서는 무대 공간과 발표자의 신체를 활용해 청중의 주의를 끌 수 있지만, 비대면 발표는 화면 내에서만 표현할 수 있어 동작과 표현의 다양성이 줄어듭니다.

비대면 발표 체크리스트

중요한 입찰 발표 중에 인터넷이 끊기거나 음향 문제가 발생한 경험이 있습니다. 수많은 비대면 발표를 준비하며 겪은 시행착오를 바탕으로, 독자들이 불안한 상황을 예방할 수 있도록 준비 체크리스트를 정리했습니다. 중요한 발표일수록 두 명 이상의 동료와 함께 점검하는 것이 좋습니다.

1 인터넷 연결 상태

- 1차 유선 인터넷 메인 사용
- 2차 무선 인터넷 백업 준비

2 발표 프로그램 점검

- Zoom, Microsoft Teams, Webex, e-발주시스템 등 사전 접속 및 기능 테스트
- 동료와 다른 계정으로 접속해 프로그램 안정성 확인

3 마이크와 스피커

- 하울링(스피커 소리가 마이크로 들어가 반복 울림 현상) 여부 점검
- 외부 공간에서 동료가 동시에 접속해 음향 상태 확인

4 카메라와 조명

- 웹캠 작동 및 구도 조정
- 조명 강도 및 각도 조정

❺ 배경 정돈

- 발표자의 물리적 배경 정돈 및 연출
- 프로그램 내 가상 배경 설정

❻ 소음 방지

- 외부 소음 차단 및 출입 통제
- 동료 및 배석자의 휴대폰 무음 설정
- 냉난방기 소음 여부 확인

❼ 건물 일정 점검

- 건물 내 일괄 소등 및 정전 작업 여부
- 건물 안내 방송 시간 확인 및 예외 처리

위의 체크리스트를 통해 철저히 준비하면 어떤 돌발 상황에서도 안정적인 비대면 발표를 진행할 수 있습니다.

: 발표 실전 공식 요약 정리 :

긴장감 극복 공식

파워포즈 + 심호흡 + 나만의 루틴 = (자신감 × 2) + (긴장감 ÷ 2)

발표 초반 기세 3종

❶ 인사: 목소리 먼저 → 고개 숙이기

❷ 집중: 발표의 가치 + 준비 언급

❸ 목차: 흐름 + 포인트 짚어주기

시각 점수 공식

자세와 태도 + 시선 교환 + 몸짓 언어 + 표정 연출 + 복장 연출 + 소품 활용

청각 점수 공식

좋은 목소리 = 호흡 + 발성 + 발음

목소리 연주 = 볼륨 + 속도 + 일시정지

Plus CHAPTER

생성형 AI 발표 활용 공식

—

발표 방식이 달라지고 있다

ChatGPT를 비롯한 생성형 AI가 우리의 일상과 업무에 얼마나 깊숙이 스며들었는지 놀랍습니다. 단순히 메시지 작성이나 검색을 넘어서, AI는 회의 준비, 발표 자료 제작, 마케팅 콘텐츠 기획 등 다양한 영역에서 핵심 도구로 자리 잡았습니다. 불과 몇 년 전만 해도 상상하기 힘들었던 일이었지만, 이제는 학생들부터 직장인, 프리랜서, 사업가까지 누구나 손쉽게 AI를 통해 업무를 간소화하고 효율성을 높이고 있습니다. 전 세계적으로도 AI는 화두가 되고 있으며, 그 영향력은 기업의 생산성 향상과 창의적인 문제 해결에도 커다란 변화를 일으키고 있습니다. 특히, 발표 자료를 만드는 데 소요되는 시간과 노력을 혁신적으로 줄여주는 다양한 방법들이 생겨났다는 점도 인상적입니다.

업무의 패러다임을 바꾸다

회사에서 생성형 AI 관련 교육을 받았던 날이 생생하게 떠오릅니다. 교육장은 약간의 긴장감이 감돌았고, 참가자들은 기대와 의구심이 섞인 눈빛으로 화면을 주시하고 있었죠. 강사는 의자에 기대어 마치 일상적인 작업을 하는 것처럼 편안하게 "이제 ChatGPT를 활용해 보겠습니다."라고 말하며 가볍게 손가락을 움직였죠. 그 말에 교육장의 분위기는 한층 더 집중되었고, 저를 포함한 사람들은 어떤 일이 벌어질지 기다리며 숨을 죽였습니다.

처음엔 단순히 호기심으로 따라 해봤지만, 엑셀의 복잡한 함수나 데이터 분석을 ChatGPT에 명령어를 입력하는 것만으로 쉽게 처리할 수 있다는 걸 확인한 순간, 머릿속이 번쩍했습니다. 강사가 몇 마디 명령을 치자마자 차트와 표가 뚝딱 완성되는 모습을 보고 입을 다물 수가 없었죠. "와, 이렇게 간단하게?"라는 생각이 절로 들었죠. 엑셀을 다루며 애써 씨름하던 제 모습이 생생하게 떠올랐습니다. 심지어 예전에는 "엑셀은 믿을 수 없으니 다시 계산해 봐"라고 하던 시절이 있었습니다. 그런데 이제는 그런 복잡한 수식을 몰라도 AI에게 '이 데이터를 분석해줘'라고 명령하면 결과가 척척 나오는 시대가 온 겁니다.

하지만, 그 순간 제 안에서는 두 가지 감정이 교차했어요. 한편으로는 놀라움이었고, 다른 한편으로는 약간의 두려움이었죠. 강사는 아무런 힘을 들이지 않고 자연스럽게 결과물을 만들어냈습니다. 기술이 이렇게까지 발전하다니, 앞으로 업무의 패러다임이 완전히 바뀌겠다는 생각이 머릿속을 스쳤습니다. 특히 엑셀뿐만 아니라 파워포인트 자료도 강사가 몇 가지 명령만으로 순식간에 만들어낸 걸 보며, 이 변화가 일상에 얼마나 깊이 스며들고 있는지를 실감했죠. 새로운 가능성과 함께 약간의 긴장감도 느껴졌습니다.

그 이후로 회사에서 진행하는 강의에 생성형 AI 활용법을 포함하기로 결심했고, 수강생들의 눈빛은 기대와 호기심으로 반짝였습니다. 저 또한 그들에게 AI의 가능성을 보여줄 생각에 설렜습니다.

수강생분들은 흥미로워하며 발표 자료를 빠르게 구성하고 창의적인 아이디어를 추가하기도 하고 AI의 부족한 부분에 대해서 토의하는 모습을 지켜보았습니다. 기술을 제대로 활용하는 것이 얼마나 중요한지 다시 한번 깨달았습니다.

—

10분 만에
발표 자료 만들기

Whimsical로 마인드맵 그리기

발표의 전체 구성을 잡고, 목차를 정리할 때 Whimsical은 특히 유용합니다. 직관적인 인터페이스 덕분에 몇 번의 클릭만으로 생성형 AI가 직접 아이디어를 생성해 줍니다. 항목을 추가하거나 삭제할 수 있고, 순서 변경도 자유롭게 할 수 있어요. 마인드맵을 구성하다가 새로운 아이디어가 떠오르면 즉시 추가할 수 있고, 필요 없는 요소는 바로 제거할 수 있습니다. 시각적으로 깔끔하고 체계적으로 정리되기 때문에 복잡한 내용을 한눈에 파악하기 쉽습니다. 또한, 다양한 아이콘과 색상 옵션을 사용해 중요한 요소를 강조할 수도 있어 발표 자료의 첫 구성을 잡는 데 큰 도움이 됩니다.

ChatGPT와 Perplexity로 내용 찾기

자료를 탐색하고 각 섹션에 필요한 내용을 채워 넣을 때 이 두 도구는 큰 도움이 됩니다. 다만, ChatGPT를 사용할 때는 주의할 점이 있어요. 가끔 AI는 사실이 아닌 정보를 생성하기도 하죠. 예를 들어,'세종대왕 맥북 던짐 사건'처럼 전혀 사실이 아닌 이야기를 그럴듯하게 답변한 것이 SNS에 퍼지기도 했죠. 따라서 AI가 제시하는 답변이 사실인지 확인하는 습관이 필요합니다. Perplexity는 출처를 명확히 표시해 주고 이미지나 영상 소스까지 함께 제공해 줘서 신뢰할 수 있는 참고 자료를 찾는 데 유용합니다. 추가로, 클로바X는 한국 관련 정보에 대해 더 정확한 답변을 제공하기 때문에 한국어 자료가 필요할 때 특히 추천합니다.

ChatGPT를 잘 활용하는 요령과 주의사항

명확하고 구체적인 질문하기

막연한 질문인 '경제 성장 요인 요약해줘', '주요 성과 정리해줘' 보다는 '최근 5년간의 경제 성장 요인을 요약해줘', '올해의 주요 성과를 한 문단으로 정리해줘'처럼 구체적인 질문을 하면 AI의 답변이 더 명확해집니다. 원하는 내용을 최대한 구체적으로 요청해야 명쾌한 결과물을 얻을 수 있습니다. 구체적인 지시어를 사용하면 AI가 더 정확한 자료를 제공합니다.

단계별 요청하기

복잡한 주제의 발표를 준비할 때는 단계를 나눠서 질문하는 것이 좋습니다. 예를 들어, 발표 주제가 복잡할 때 '첫 번째, 연구의 배경을 설명해줘. 두 번째, 주요 연구 결과를 요약해줘'처럼 나누어 질문하면 자료를 체계적으로 받을 수 있습니다.

예시 포함하기

원하는 스타일이나 형식의 예시를 직접 질문에 포함하면 AI가 더 적합한 답변을 생성해 줍니다. 예를 들어, 발표 자료 준비 시 '이 부분을 "연구 결과는 다음과 같습니다..."라고 작성해줘' 또는 '보고서 서론에 "이번 프로젝트는 다음과 같은 성과를 달성했습니다..."처럼 시작해줘'라고 입력하면 원하는 형식의 자료를 생성할 수 있습니다. 이렇게 하면 AI가 그 스타일에 맞게 자료를 구성해 줍니다. 기존에 제작했던 파워포인트 양식을 학습시키는 것도 좋은 방법이 될 수 있습니다.

추가 질문하기

초기 답변이 충분하지 않을 경우 '이 내용을 더 자세히 설명해줘' 또는 '관련된 최신 사례를 알려줘'처럼 추가 질문을 해보세요. 발표 준비 중 '이 주제와 관련된 최신 연구 사례를 추가해줘'나 '이 전략의 구체적인 성공 사례를 알려줘'처럼 요청하면 자료의 깊이를 더할 수 있습니다.

다양한 시각 요청하기

'찬성과 반대 입장에서 각각 설명해줘'처럼 여러 관점에서의 답변을 요청하면 다양한 시각의 정보를 얻을 수 있습니다. 예를 들어, '이 연구의 장점과 단점을 모두 설명해줘'나 '이 전략의 리스크와 이점을 모두 설명해줘'처럼 요청하면 균형 잡힌 자료를 받을 수 있습니다.

키워드 사용하기

특정 단어나 키워드를 포함하여 질문하면 원하는 내용에 더 가까운 답변이 나옵니다. 예를 들어, 대학생 발표 자료에서 '기술 발전의 사회적 영향'을 다룰 때 '주요 통계 포함'이라는 키워드를 덧붙여 요청하면 관련 데이터를 함께 제공합니다.

사실 확인하기

ChatGPT는 가끔 사실이 아닌 답변을 생성할 수 있으므로 중요한 정보나 데이터는 꼭 다른 출처를 통해 검증할 필요가 있습니다. 예를 들어, 대학 과제 발표 시에는 공신력 있는 기관의 자료로 교차 검증하는 것이 좋고, 직장 발표에서는 회사의 내부 보고서나 공식 데이터와 비교해 정확성을 확인하는 것이 필요합니다. 이를 통해 신뢰할 수 있는 발표 자료를 만들 수 있습니다.

ChatGPT로 Gamma 프롬프트 만들기

Whimsical, ChatGPT, Perplexity 등의 도움을 받아 최종 정리된 내용을 바탕으로 ChatGPT에 'Gamma 프롬프트로 만들어 달라'고 요청하면 AI가 발표 자료에 맞는 프롬프트를 생성해 줍니다. 이 과정은 Gamma에 직접 명령을 입력하는 것보다 훨씬 빠르고 편리합니다. ChatGPT는 복잡한 요청을 간단하게 정리하고, 핵심을 자동으로 조합해 주기 때문에 Gamma에 적용하는 데 필요한 시간을 크게 단축할 수 있습니다. 자료의 핵심을 강조할 내용을 미리 제공하면 더욱 정확하고 효율적인 결과를 얻을 수 있습니다. 예를 들어, '이 발표는 청중이 주제에 쉽게 몰입할 수 있도록 해줘'라는 조건을 추가하면 프롬프트가 더욱 맞춤화됩니다.

Gamma에서 PPT 생성하기

Gamma에 프롬프트를 입력하면 즉시 PPT 자료가 자동으로 생성됩니다. 템플릿 선택과 세부적인 레이아웃 조정 기능도 제공되어, 발표의 목적과 스타일에 맞는 다양한 디자인을 선택할 수 있습니다. 특히, 슬라이드별로 주제에 맞는 이미지를 자동으로 생성하여 적절한 위치에 배치해 주는 기능이 있어 시각적 완성도가 높습니다. 이를 통해 프레젠테이션에 시각적 다양성을 더할 수 있어 지루함을 줄여줍니다. 다만, 이미지 생성 기능은 저작권 문제나 품질의 한계가 있을 수 있으므로 신중하게 사용해야 합니다. 텍스트 역시 핵심만 간결하게 담겨 적당한 양으로 작성되며, 필요에 따라 텍스트와 이미지를 즉시 수정할 수 있어 편리합니다. 이 모든 과정을 통해 기존의 PPT 작성보다 훨씬 빠르고 직관적으로 발표 자료를 준비할 수 있어 간단한 발표에 특히 효과적입니다.

다양한 도구 사용해 보기

Gamma 외에도 Slidesgo, Beautiful.ai, Tome 등 다양한 도구들이 있습니다. 각 도구는 고유한 장점과 특징을 가지고 있으므로, 여러 가지를 골고루 사용해 보면 좋습니다.

Slidesgo

Slidesgo는 다양한 템플릿을 제공하여 발표 자료의 비주얼을 더욱 풍성하게 만들어줍니다. 디자인 경험이 많지 않아도 사용자가 전문가 수준의 발표 자료를 쉽게 만들 수 있도록 도와줍니다. 특히 교육, 비즈니스, 창의적 발표 등 다양한 주제에 맞춘 템플릿이 풍부하여, 학생부터 직장인까지 누구에게나 유용합니다. 다만, 커스터마이징 옵션이 상대적으로 제한적일 수 있어 세부 조정이 필요할 때는 다른 도구를 함께 활용하는 것이 좋습니다.

Beautiful.ai

Beautiful.ai는 자동으로 레이아웃을 조정해 주는 기능이 있어 디자인 요소를 빠르고 효율적으로 보완할 수 있습니다. 이 도구는 사용자가 입력한 콘텐츠에 따라 슬라이드를 자동으로 재구성해 발표의 흐름을 깔끔하게 유지해 줍니다. 디자인 감각이 부족한 사용자에게 특히 유용하며, 발표 내용을 시각적으로 일관되게 정리하는 데 강점을 발휘합니다. 단, 커스터마이징을 심도 있게 진행할 경우 다소 제한을 느낄 수 있습니다.

Tome

Tome은 스토리텔링 중심의 발표 자료를 만들고 싶을 때 유리한 도구입니다. 슬라이드마다 서사적인 흐름과 논리 구조를 강조해 발표의 몰입도를 높이는 데 적합합니다. 특히 텍스트와 비주얼 요소를 조화롭게 배치해 청중의 이해를 돕는 기능이 뛰어납니다. 다만, 복잡한 데이터 시각화나 정교한 그래픽 작업이 필요한 경우, 다른 도구와 함께 사용하는 것이 좋습니다.

Gamma

앞서 설명한 것처럼, 프롬프트를 입력하면 자동으로 PPT 자료를 생성해 주며, 다양한 템플릿과 테마 선택, 커스터마이징이 가능합니다. 주제에 맞는 이미지를 자동으로 생성해 적재적소에 배치해 주는 기능이 있어 시각적 완성도가 높습니다. 다만, 생성된 이미지의 저작권 문제나 품질의 한계가 있을 수 있으므로 이를 보완하기 위해 출처를 명확히 확인하고 필요한 경우 자체 이미지를 추가하는 것이 좋습니다.

—

생성형 AI로
스크립트 작성하기

발표 자료뿐만 아니라, 스크립트 작성에도 생성형 AI는 큰 도움이 됩니다. 발표를 준비하다 보면 단어나 표현이 반복되어 고민될 때가 있죠. AI를 활용하면 이런 고민을 줄일 수 있습니다. 생성형 AI는 풍부한 어휘와 다양한 표현을 빠르게 제시해 발표 내용에 신선함을 더할 수 있습니다.

특히, 시간이 부족할 때 AI는 더욱 유용한 파트너가 됩니다. 예를 들어, AI에 '이 단어의 다른 표현을 몇 가지 제안해줘'라고 요청하면 다양한 아이디어를 즉시 얻을 수 있어 창의적인 스크립트를 빠르게 완성할 수 있습니다.

생성형 AI 발표, 성장의 기회

인터넷이 등장하면서 전 세계가 실시간으로 소통하게 된 변화를 기억해 보세요. 또한 스마트폰이 등장해 모바일 시대가 열리면서 우리의 삶이 얼마나 빠르게 바뀌었는지 떠올려 보세요. 생성형 AI는 이보다 더 큰 변화를 훨씬 빠르게 가져올 것입니다. AI 기술은 단순히 도구의 발전을 넘어 새로운 패러다임을 제시하고 있습니다.

예를 들어, 뉴스 아나운싱과 같은 발표의 일종도 이미 AI가 대체할 수 있는 수준에 이르렀습니다. 김주하 앵커 AI가 실제 방송을 대체하는 시연 사례를 보면, AI의 잠재력과 그 퀄리티에 놀라움을 금할 수 없습니다. 발표 역시 AI를 얼마나 잘 활용하느냐에 따라 개인의 경쟁력이 결정되는 새로운 시대가 시작되었습니다. 이제는 단순히 AI를 사용하는 것에서 벗어나, AI를 학습하고 경험하며 그 능력을 극대화하는 사람이 앞서가게 될 것입니다.

생성형 AI는 더 빠르고 정확하게 발표 자료를 준비할 수 있게 도와줄 뿐만 아니라, 발표 스크립트 작성 시에도 큰 힘이 됩니다. 이 기술은 더 나은 표현과 새로운 아이디어를 제공해 발표의 완성도를 높여주죠.

앞으로는 AI에게 원하는 결과물을 명확하게 지시하고 이를 효과적으로 활용하는 능력이 우리의 경쟁력을 좌우할 것입니다. 기술의 발전은 도전이자, 동시에 성장의 기회를 제공할 것입니다.

Epilogue

—

"똑같은 내용도 누가 발표하냐에 따라
결과는 완전히 달라집니다."

이 문장은 제가 발표의 중요성을 깨달으며 느낀 큰 진리 중 하나입니다. 같은 메시지라도 전달하는 사람의 말투, 표현, 시선, 몸짓, 심지어는 목소리의 울림까지도 모든 것이 발표의 결과를 바꿔놓습니다. 발표는 단순히 정보를 전달하는 기술이 아니라, 마음을 움직이고, 가치를 창출하며, 삶을 변화시키는 강력한 도구입니다.

저 역시 발표가 두려웠던 시절이 있었습니다. 발표를 실수하고, 청중 앞에서 당황했던 경험들이 있었지만, 수많은 시행착오를 거쳐 지금의 노하우를 쌓을 수 있었습니다.

특히 회사에서 발표를 준비하며 동료들에게 발표 노하우를 전수하는 일은 제게 큰 보람이 됩니다. 중요한 회의나 발표에서 동료들이 자신감을 갖고 발표할 수 있도록 돕고, 팀원들과 함께 더 설득력 있는 발표 자료를 만드는 과정을 함께하면서, 저는 발표가 단순한 일방적인 말하기가 아니라 청중과의 소통이라는 사실을 깨달았습니다.

또한, 발표를 두려워하던 사람들이 저의 코칭으로 무대에서 자신감을 얻고 당당하게 발표하는 모습을 볼 때마다 큰 확신을 얻습니다.

특히, 강연에서 발표는 특별한 사람들만 잘 할 수 있는 것이 아님을 강조합니다. 발표에 대한 두려움을 덜고, 실전에서 바로 활용할 수 있는 팁을 배워가는 모습을 볼 때마다 큰 보람을 느낍니다.

현재, 인스타그램을 통해 5만 명 이상의 팔로워들과 발표 노하우를 나누고 있으며, 발표를 준비하는 사람들에게 용기를 주었다는 메시지를 받으면 큰 힘이 됩니다.

이 책은 발표 준비부터 실전 노하우까지, 모든 과정에서 얻은 저의 경험과 교훈을 전하고자 썼습니다. 발표의 순간은 누구에게나 예기치 않게 찾아올 수 있습니다. 그 순간 당황하지 않고 자신의 이야기를 자신 있게 전달할 수 있다면, 발표는 더 이상 두려움이 아닌 새로운 기회가 될 것입니다.

발표는 단순히 잘하기 위한 스킬이 아닙니다. 잘하는 발표는 더 나은 커뮤니케이션, 더 강한 설득력, 그리고 더 큰 영향력을 발휘할 수 있는 것입니다. 저는 이 책을 통해 많은 분이 발표를 두려움의 대상이 아니라 자신감의 원천으로 느끼길 바랍니다.

"이제 여러분의 차례입니다."

이 책에 담긴 내용을 하나씩 실천하며, 여러분만의 무대를 만들어 보세요. 여러분의 이야기는 누군가에게 큰 영감과 변화를 줄 수 있습니다. 여러분의 멋진 발표 여정을 응원합니다.

누구나 쉽게 배우는 3단계 발표 공식

초판 1쇄 발행 2025년 4월 25일

지은이 | 윤상명
펴낸이 | 한석준
편　집 | 김미영
디자인 | 김지영
관　리 | 한석준
펴낸곳 | 비단숲
주　소 | 서울 마포구 잔다리로 127-1, 레이즈빌딩 2층
전　화 | 070-4156-0050
팩　스 | 02-6499-2808
등　록 | 제2016-000288호

ISBN 979-11-92357-18-8 (03100)